Hübler / Zimmermann (Hrsg.)
UVP am Wendepunkt

Planung und Praxis im Umweltschutz
Band 1

# UVP am Wendepunkt

## Wege zu einer vorsorgenden Umweltpolitik

herausgegeben von

**Prof. Dr. Karl-Hermann Hübler**

**Dipl.-Pol. Monika Zimmermann**

Economica Verlag

Die Deutsche Bibliothek – CIP-Einheitsaufnahme

**UVP am Wendepunkt** : Wege zu einer vorsorgenden
Umweltpolitik / hrsg. von Karl-Hermann Hübler und Monika
Zimmermann. – Bonn : Economica Verl., 1992
(Planung und Praxis im Umweltschutz ; Bd. 1)
ISBN 3-87081-432-2
NE: Hübler, Karl-Hermann [Hrsg.]; GT



Satz: Mänken GmbH, Bonn
Druck: Graphoprint, Verlag Ruth Schlotter GmbH

ISBN 3-87081-432-2

# Vorwort

Im Jahre 1990 trat das deutsche „Gesetz über die Umweltverträglichkeitsprüfung" (UVPG) in Kraft. Dem Erlaß dieses Gesetzes ging ein rund siebzehnjähriger Diskussionsprozeß voraus: einerseits wurde es als der Königsweg der Umweltpolitik bezeichnet (so Bundesminister Prof. Töpfer auf dem kommunalen UVP-Kongreß 1988) und andererseits als Holzweg oder Etikettenschwindel der Umweltpolitik. Mit dem Inkrafttreten des Gesetzes ist diese Diskussion freilich keinesfalls beendet.

Einmal bedarf es der praktischen Erprobung. Zum anderen sind noch eine Vielzahl von Fragen offen, die insbesondere mit dem erforderlichen Erlaß der Verwaltungsvorschriften nach §20 des Gesetzes die notwendigen praktischen Handlungsanleitungen für die Praxis geben sollen. Der Erlaß der Vorschriften verzögert sich, weil innerhalb der Bonner Ressorts seit langem Streit über Details dieser Vorschriften bestehen und Absichten im Gange sind, wesentliche Festlegungen des Gesetzes durch diese Verwaltungsvorschriften abzuschwächen.

Der dritte aktuelle Fragenkomplex gilt der Umweltverträglichkeitsprüfung in den neuen Bundesländern. Das Gesetz gilt ohne Einschränkungen auch dort, obwohl fast alle institutionellen und personellen Voraussetzungen für eine sachgerechte Durchführung von UVPs noch fehlen.

Viertens ist die EG-Kommission offensichtlich mit dem deutschen UVP-Gesetz nicht zufrieden, weil sie mit einer Anfrage an die Bundesregierung Regelungen des UVPG in Zweifel zieht, die schon im Rahmen des Gesetzgebungsverfahrens von den Umweltverbänden moniert worden waren.

Und last but not least sind Bestrebungen im Gange, die ohnehin laschen gesetzlichen Regelungen durch verschiedene Sondergesetze wie das Verkehrswegebeschleunigungsgesetz, die sogenannten Maßnahmegesetze, aber auch durch gesetzliche Regelungen zur Baulandbereitstellung u.a. „auszuhebeln".

Diese und weitere Themen waren Gegenstand des Dritten Kongresses „Umweltverträglichkeitsprüfung (UVP) und kommunale Umweltplanung", den das Ifs-Institut für Stadtforschung und Strukturpolitik GmbH,

Berlin, zusammen mit der Stadt Freiburg vom 23. bis 25. März 1992 in der Universität Freiburg durchführte. Rund 1 000 Teilnehmer und Teilnehmerinnen aus den Kommunen, aus Verwaltungen des Bundes und der Länder, aus der Wirtschaft, aus Planungsbüros, aus Umweltverbänden und der Wissenschaft waren bei dieser Veranstaltung zugegen und diskutierten nach rund 120 Einzelreferaten und der Vorstellung zahlreicher UVP-Fallbeispiele über die Schwierigkeiten mit der UVP, die Fortentwicklung dieser Verfahrensregelungen und auch die aktuellen, oben genannten fachpolitischen Einwirkungen auf dieses Instrument der Umweltvorsorgepolitik.

Es entsprach einem Wunsch vieler Teilnehmer und Teilnehmerinnen, die wichtigsten Tagungsergebnisse alsbald zu veröffentlichen. Da bei der Vielfältigkeit der Themen die Zusammenfassung der Ergebnisse in einem Band zu langwierig gewesen wäre, haben sich die Herausgeber entschlossen, die Tagungsergebnisse in vier Bänden zu gliedern, die nach fachlichen Schwerpunkten systematisiert sind.

Der vorliegende Band enthält Beiträge, die sich mit dem aktuellen Stand der gesetzlich verordneten UVP befassen und insbesondere Aussagen zu den aktuellen, oben genannten Problemen enthalten. Diese Beiträge geben den Stand der Diskussionen und Auseinandersetzungen vom Frühjahr 1992 wieder. Sie zeigen zugleich den Stand der deutschen Umweltpolitik, der, aus der Distanz betrachtet, skeptisch eingeschätzt werden muß.

Im zweiten Band soll in einer Reihe von Beiträgen die besondere Problematik der UVPs in den neuen Ländern dargestellt werden.

Der dritte Band umfaßt Beiträge zum Fragenkomplex „Fortentwicklung der Projekt-UVP zur Plan- und Programm-UVP".

Im vierten Band „UVP und Öffentlichkeitsbeteiligung" werden schließlich die Beiträge des Freiburger Kongresses zusammengefaßt, die sich in besonderer Weise mit den vorhandenen Erfahrungen sowie den Vor- und Nachteilen dieser Beteiligung auseinandersetzen.

Wir hoffen, daß mit der Veröffentlichung der vier Bände vom Freiburger UVP-Kongreß die Sache vorangetrieben, Erfahrungen transparent und zugleich die „weißen Felder" aufgezeigt werden, die noch der praktischen Erprobung und wissenschaftlichen Begründung bedürfen.

Den Autorinnen und Autoren und allen Beteiligten ist für die unbürokratische Mitwirkung zu danken.

Dem Bundesminister für Umwelt, Naturschutz und Reaktorsicherheit wird für die finanzielle Unterstützung der Veröffentlichung dieses Bandes besonders gedankt.

Berlin/Freiburg, Juni 1992

Monika Zimmermann
Karl-Hermann Hübler

# Resolution der Teilnehmerinnen und Teilnehmer des Dritten UVP-Kongresses

Anläßlich des Dritten Kongresses **„Umweltverträglichkeitsprüfung und kommunale Umweltplanung"** vom 23. bis 25. März 1992 in der Universität Freiburg versammelten sich 1 000 Sachverständige aus der kommunalen Umweltpolitik, aus Wissenschaft und Wirtschaft sowie von Bundes- und Landesbehörden. Die Teilnehmer stellten mit Sorge fest, daß in Teilen der Politik und Verwaltung auf allen Ebenen, vor allem aber auch in den kommunalen Spitzenverbänden, beträchtliche Anstrengungen unternommen werden, die Wirkungen der 1990 durch das Bundesgesetz (UVPG) eingeführten Umweltverträglichkeitsprüfung weiter einzuschränken.

Das UVP-Bundesgesetz, welches auf eine EG-Richtlinie von 1985 zurückgeht, bedeutet einen neuen Ansatz der bisher nur bedingt erfolgreichen deutschen Umweltpolitik. Es weicht erstmals von dem bisherigen Weg des Umweltrechtes ab, in dem eine **medienübergreifende** Beachtung der Umweltauswirkungen staatlicher und privater Eingriffe in den Naturhaushalt bei bestimmten Vorhaben vorgeschrieben wird. Es eröffnet eine rechtsstrukturelle Perspektive mit Zukunft, die jetzt zugunsten vordergründiger Verbands- und Ressortinteressen in Frage gestellt wird.

I

Dies betrifft insbesondere Bestimmungen des neuen Verkehrswegebeschleunigungsgesetzes. Sie stehen mit geltendem EG-Recht nicht in Einklang und produzieren neue „Altlasten":

- Entgegen der UVP-Richtlinie der EG können die Behörden bei Anwendung der Bestimmung zur Plangenehmigung auf eine projektbezogene UVP ganz verzichten, ohne daß es auf umweltbezogene Kriterien ankäme.
- Eine UVP mit Öffentlichkeitsbeteiligung entfällt nach dem Beschleunigungsgesetz bei der Linienbestimmung für neue Verkehrswege. Das Raumordnungsverfahren mit UVP, dessen Bedeutung im Zuge der Verabschiedung des UVP-Gesetzes gestärkt wurde, wird aufgrund der Viermonatsfrist im Beschleunigungsgesetz faktisch abgeschafft. Damit gibt es keine förmliche UVP für die wichtigste Planungsentscheidung, nämlich die Trassenauswahl.

Die Bundesrepublik fällt damit hinter das Niveau der EG-Umweltpolitik deutlich zurück. Sie verfällt unter vermeintlichem Zeitdruck der überholt geglaubten Planungsmentalität des rigorosen Zubetonierens der Landschaft aus den 60er Jahren. Sie läßt die einmalige Chance aus, mit Hilfe eines offen angelegten Planungsprozesses in den neuen Bundesländern eine umweltgerechte Verkehrsinfrastruktur zu schaffen, wie sie in den Altbundesländern besteht.

Die neuen Bundesländer werden aufgefordert, im eigenen Interesse die Belange von Natur und Landschaft und die Interessen der Betroffenen beim Ausbau der Verkehrswege besonders sorgfältig zu prüfen und soweit als möglich zu berücksichtigen.

II

Die Bundesregierung hat durch die EG-Kommission mit Schreiben vom 4. Februar 1992 eine herbe Rüge wegen der Unvollständigkeit des deutschen UVP-Gesetzes und dessen mangelnder Übereinstimmung mit der EG-Richtlinie aus dem Jahre 1985 erhalten. Die EG-Kommission rügt insgesamt zehn Einzelsachverhalte des deutschen Gesetzes. Es handelt sich dabei im wesentlichen um Mängel, die von den vielen Umweltsachverständigen und von Umweltverbänden schon jahrelang aufgezeigt werden. Die Teilnehmer des Kongresses bitten die gesetzgebenden Körperschaften, die Sachverhalte zu prüfen, der Öffentlichkeit zu berichten, Mängel alsbald auszuräumen und gegebenenfalls das UVPG zu novellieren.

III

Die Bundesregierung hat nach § 20 des Gesetzes über die Umweltverträglichkeitsprüfung eine Verwaltungsvorschrift zu erlassen, in der Einzelheiten für die Umsetzung des Gesetzes vorgeschrieben werden sollen. Zwei Jahre nach Inkrafttreten des Gesetzes ist diese Verwaltungsvorschrift immer noch nicht erlassen, weil sowohl durch einzelne Bundesressorts als auch von einigen Ländern und den kommunalen Spitzenverbänden Einwände gegen den Entwurf vorgebracht werden, der im Herbst 1991 vom Bundesumweltministerium vorgelegt worden war. Diese Einwände zielen darauf ab, die Reichweite der UVP (z.B. für Bebauungspläne) zurückzuschrauben und ihre ökologische Effizienz zu schwächen.

Die Teilnehmerinnen und Teilnehmer fordern

- die Bundesregierung auf, die Verwaltungsvorschrift nach §20 UVPG alsbald zu erlassen, um die Durchführung der UVP zu erleichtern und die Verfahren durch fachliche Sicherheit und Rechtssicherheit für Investoren zu verbessern;
- hierin wesentlich stärker als im vorliegenden Entwurf vorsorgeorientierte Umweltqualitätsanforderungen (§12 UVPG) und vorhabenspezifische Auslegungsregeln für das Fachrecht festzusetzen und alle Aufgabenbereiche der UVP, also auch die Bauleitplanung, die Verkehrsplanung, Vorhaben des Bergrechts und der Flurbereinigung, zu erfassen, weil nur so der von der EG-Richtlinie vorgeschriebene medienübergreifende Ansatz realisiert werden kann;
- von den kommunalen Spitzenverbänden, ihre bisherige obstruktive Haltung gegenüber gesetzlichen UVP-Regelungen aufzugeben, denn sie schwächen damit entscheidende Möglichkeiten und Chancen der von ihnen vertretenen Kommunen, Mindestanforderungen der Lebensqualität in ihrem Bereich zu sichern.

Die Kongreßteilnehmerinnen und -teilnehmer betrachten die kommunale Umweltverträglichkeitsprüfung als ein unverzichtbares Instrument kommunaler Umweltvorsorge. Sie fordern die gesetzgebenden Körperschaften und Regierungen des Bundes und der Länder dazu auf, die vielfältigen Vorarbeiten und Erfahrungen der Kommunen mit der UVP und weiteren umweltplanerischen Instrumenten zu erkennen, auszuwerten und ihre Weiterentwicklung und breite Anwendung zu unterstützen. Bisher „UVP-abstinente" Gemeinden und Kreise werden aufgefordert, die UVP als Chance zu erkennen, um die Erzeugung neuer „Altlasten der Zukunft" durch unzureichend fundierte Entscheidungen zu vermeiden. Modelle der ökologischen Entwicklungsplanung, des „Umweltplanes" und des Zusammenbindens aller Instrumente zu einer „kommunalen Naturhaushaltswirtschaft" werden als wegweisend angesehen.

## V

Eine Bestandsaufnahme der institutionellen und sachlichen Bedingungen der Umweltvorsorgepolitik in den fünf neuen Ländern und in den ostdeutschen Kommunen ergab, daß anderthalb Jahre nach der Vereinigung Deutschlands dort die Voraussetzungen für eine Umweltvorsorgepolitik noch nicht wirksam geworden sind. Das hat seine Ursachen nicht zuletzt in der finanziellen Situation der fünf neuen Länder und der

Kommunen. Die Umweltpolitik in den neuen Bundesländern ist derzeit schwerpunktmäßig mit Sanierung befaßt; die Umweltvorsorge wird noch unzureichend berücksichtigt.

Die Teilnehmerinnen und Teilnehmer des Kongresses bitten die westdeutschen Partnerländer und Kommunen, die sachliche und, auf Wunsch, personelle Zusammenarbeit für diesen Bereich weiter zu verstärken, um die Risiken für umweltpolitische Fehlentscheidungen in den neuen Ländern zu minimieren.

## VI

Umweltverantwortliche aus ostdeutschen Kommunen beklagen unter Hinweis auf verschiedene Beispiele, daß auswärtige Berater und Beratungs- und Gutachterbüros bisweilen versuchen, Unkenntnis und die mangelnde Erfahrung der Behörden im Umgang mit solchen Beratern auszunutzen, um mit unsoliden und unseriösen Arbeiten eine „schnelle Mark" zu machen. Fallweise werden Untersuchungsergebnisse aus Gutachten für andere Auftraggeber übernommen und UVP-Studien „von der Stange" produziert. Auch wird die unzureichende Berücksichtigung der örtlichen und regionalen Bedingungen bemängelt.

UVP-Gutachter beklagen sich über den bisweilen unseriösen Umgang mit ihren Gutachten, indem die Ergebnisse von den Auftraggebern nur in Auszügen veröffentlicht oder sogar verfälscht werden.

Die Kongreßteilnehmerinnen und -teilnehmer fordern die Bundesvereinigungen bzw. Berufsverbände und die Beteiligten auf, diese Mißstände abzustellen und transparent zu machen.

## VII

Die Teilnehmerinnen und Teilnehmer des Kongresses verfolgen mit Sorge die Widersprüchlichkeit der deutschen Umweltpolitik: Während sich die Umwelt auch in Deutschland trotz aller Bemühungen weiter verschlechtert, die Politiker an andere Länder erhöhte Anforderungen an deren Umweltpolitik stellen (so z.B. im Vorfeld der im Juni dieses Jahres in Rio de Janeiro stattfindenden UN-Konferenz über Umwelt und Entwicklung), werden im eigenen Land aus vordergründigen Interessen dringliche Entscheidungen verzögert und abgeschwächt.

Freiburg, 25. März 1992

# Inhaltsverzeichnis

## UVP – Aus Erfahrung kritisch betrachtet

## Konkretisierung des UVP-Gesetzes durch Verwaltungsvorschriften

## Wird die UVP wegbeschleunigt? Von der Wirkung des Verkehrswegebeschleunigungsgesetzes und der Maßnahmegesetze

# UVP – In der Bewährung oder in der Krise?

# 1. Grundprobleme des UVP-Gesetzes und seiner Ausführungsvorschriften*

**Eberhard Bohne**

## 1.1 Einführung

Das UVP-Gesetz ist seit dem 1. August 1990 in Kraft. Für genehmigungsbedürftige Anlagen nach dem BImSchG ist das Gesetz mit dem Inkrafttreten der novellierten 9. BImSchV am 1. Juni 1992 wirksam geworden. Für Atomanlagen wird das Gesetz erst mit dem Inkrafttreten der novellierten atomrechtlichen Verfahrensverordnung wirksam; ein Arbeitsentwurf liegt vor.

Im Mittelpunkt der politischen Kontroverse steht der Referentenentwurf der UVP-Verwaltungsvorschrift (UVPVwV) vom 19. Juni 1991. Der Referentenentwurf wird derzeit mit Bundes- und Landesressorts verhandelt. Die Anhörung der Wirtschafts-, Fach- und Umweltverbände erfolgte im Dezember 1991. Die Anhörung der kommunalen Spitzenverbände fand im April 1992 statt.

Es stellt sich die Frage: Warum dauert das so lange? Warum ist die UVP-Verwaltungsvorschrift zwei Jahre nach Verkündung des UVP-Gesetzes immer noch nicht erlassen? Die Beantwortung dieser Fragen ergibt sich aus der besonderen umwelt- und rechtspolitischen Bedeutung des UVP-Gesetzes.

Der medienübergreifende Schutzzweck und die fachbereichsübergreifenden Verfahrensanforderungen der UVP-Richtlinie und des UVP-Gesetzes machen in Teilbereichen materiellrechtliche und verfahrensrechtliche Strukturveränderungen des deutschen Zulassungsrechts erforderlich.

Das Zulassungsrecht bildet den Kern des Umweltrechts. Das Kürzel „UVP" steht daher für einen sich anbahnenden Rechtswandel im Umweltrecht, dessen umwelt- und rechtspolitische Bedeutung weit über

* Die Ausführungen geben die persönliche Ansicht des Verfassers wieder, der Leiter der Arbeitsgruppe „Grundsatzangelegenheiten des Umweltrechts und der Umweltverträglichkeit, Umweltgesetzbuch" im Bundesumweltministerium ist.

den engeren fachlichen Problembereich der Umweltverträglichkeitsprüfung hinausreicht.

Nach über zwei Jahrzehnten der fachlichen Ausdifferenzierung und Verselbständigung des Umweltrechts sowie der mit seinem Vollzug betrauten verschiedenen Verwaltungszweige ist seit etwa Mitte der 80er Jahre national, auf EG-Ebene und international eine gegenläufige Rechtsentwicklung zu beobachten.

Diese Rechtsentwicklung zielt ab

- auf eine medien- und fachbereichsübergreifende Harmonisierung und Vereinheitlichung des Umweltrechts,
- auf eine stärkere Vorsorgeorientierung rechtlicher Instrumente und
- auf eine Erweiterung der Informations- und Beteiligungsrechte des Bürgers im Umweltschutz.

Beispiele für diese Rechtsentwicklung sind:

- das UVP-Gesetz,
- die Umsetzung der EG-Richtlinie über den freien Zugang des Bürgers zu den bei Behörden vorhandenen Umweltinformationen,
- das Umwelthaftungsgesetz,
- die Initiative des Bundesumweltministers, das weitverzweigte Umweltrecht in einem Umweltgesetzbuch zusammenzuführen.

Jeder Rechtswandel erzeugt Ängste und Hoffnungen:

- Ängste vor Vermögenseinbußen, Verlust an Einfluß oder vor sonstigen Nachteilen bei denjenigen, die aus dem bestehenden Zustand Nutzen ziehen oder sich mit ihm arrangiert haben,
- Hoffnungen auf Vermögensvorteile, mehr Einfluß oder auf sonstige Vorteile bei denjenigen, deren Interessen unter den bestehenden Umständen zu kurz kommen.

Das UVP-Gesetz und die seiner Ausführung dienende Verwaltungsvorschrift sind zum Kristallisationspunkt fast aller Ängste und Hoffnungen in der deutschen Umweltpolitik geworden.

Die gegenwärtige Lage ist dadurch gekennzeichnet, daß die einen alles daran setzen, den Referentenentwurf der UVP-Verwaltungsvorschrift zu blockieren und durch entsprechende Ausgestaltung der Verwaltungsvorschrift das UVP-Gesetz leerlaufen zu lassen. Demgegenüber versuchen die anderen, das UVP-Gesetz in ihrem Sinne „nachzubessern", indem sie rechtlich und zum Teil auch tatsächlich unerfüllbare Forderungen an die UVP-Verwaltungsvorschrift richten. Trotz der im UVP-Gesetz getroffenen Grundsatzentscheidungen des Gesetzgebers ist der politische Kampf um eben diese Grundsatzentscheidungen auf der Ebene der Ausführungsvorschriften in voller Schärfe entbrannt.

Der Kampfruf der Gralshüter des status quo heißt: „Verwaltungspraktikabilität". Gemeint ist jedoch: „Hände weg vom Immissionsschutz-, Atom-, Wasser-, Abfall- oder Baurecht!" UVP ist das, was die Fachsysteme hierfür jeweils halten.

Zu dieser Lage hat Umweltminister Töpfer[5)] im November 1991 auf der Jahrestagung der Gesellschaft für Umweltrecht in Berlin folgendes erklärt:

*„Die Erarbeitung der UVP-Verwaltungsvorschrift wird... von Auseinandersetzungen begleitet, deren Schärfe mir nicht ganz verständlich ist. Man sollte doch zumindest die Entscheidungen des Gesetzgebers respektieren und davon absehen, bei der Erarbeitung der Verwaltungsvorschrift zum UVP-Gesetz „alte Schlachten noch einmal zu schlagen". Vor allem kann ich nicht akzeptieren, daß manche mit dem Ruf nach „Verwaltungspraktikabilität" der UVP die Erhaltung des jeweiligen fachrechtlichen status quo zur Richtschnur ihres Handelns machen. Die UVP-Richtlinie und entsprechend das UVP-Gesetz haben eine medien- und bereichsübergreifende Teilharmonisierung des Zulassungsrechts gebracht. Dies muß selbstverständlich in den Ausführungsvorschriften zum UVP-Gesetz sichtbar werden."*

Diesen Ausführungen ist nichts hinzuzufügen.

Der Kampfruf der „UVP-Gemeinde" in der Auseinandersetzung um die Verwaltungsvorschrift lautet: *„Bewertung der Umweltauswirkungen nach rein ökologischen Maßstäben".* Hinter dieser Formel verbergen sich die Ablehnung des rechtlichen Bewertungskonzeptes des UVP-Gesetzes und die Forderung nach Bewertungsmaßstäben, die – wie es sinngemäß in einer Beschwerdeschrift von Umweltverbänden an die EG-Kommission heißt – nicht das Ergebnis eines politischen Abwägungsprozesses sind, sondern allein auf „objektiv-fachlichen Gesichtspunkten“ beruhen.

Diese Forderung ist Ausdruck der Hoffnung auf eine „heile Welt der UVP“, in der die selbst ernannten Priester der UVP ökologisch reine Bewertungen zelebrieren, losgelöst von den politischen Anfechtungen dieser Welt, in der wir leben.

## 1.2 Die Haltung der Kommunen gegenüber dem UVP-Gesetz (UVPG) und der UVP-Verwaltungsvorschrift (UVPVwV)

### 1.2.1 Problemstellung

Die Veranstalter des Ersten UVP-Kongresses 1988 teilten in einem Schreiben an Minister Töpfer folgende Einschätzung des Referentenentwurfs des UVP-Gesetzes mit:

*„Wir mußten feststellen, daß der Gesetzentwurf jeglicher Substanz entbehrt, die unterstützenswert sein könnte.*

...

*Für das Anliegen der kommunalen UVP war der Kongreß ein überwältigender Erfolg. Für die Umweltpolitik der Bundesregierung bedeutete er eine Entblößung ihrer Null-Absicht schon auf der Ebene des Referentenentwurfs.“*

Vor dem Hintergrund der eben skizzierten Anstrengungen der verschiedenen Fachsysteme, sich auf der Ebene der Ausführungsvorschriften den normativen Wirkungen des UVP-Gesetzes soweit wie möglich zu entziehen, ist eines offenkundig: Die damalige Einschätzung des UVP-Gesetzes durch die Kongreßveranstalter war falsch.

Das UVP-Gesetz enthält soviel Substanz, daß manche es am liebsten wieder aufheben möchten – aus Gründen der „Verwaltungspraktikabilität“, versteht sich.

Ein bemerkenswertes Beispiel für die einsetzende „Flucht aus dem UVP-Gesetz“ haben die kommunalen Spitzenverbände mit ihrer Stellungnahme vom 10. Februar 1992 zum Referentenentwurf der UVP-Verwaltungsvorschrift geliefert. Diese Stellungnahme wurde von den kommunalen Spitzenverbänden weitgestreut und u.a. an alle Innenministerien und Umweltministerien der Länder mit der Bitte zum Unterstützung übersandt.

### 1.2.2 Die parallelen Zulassungsverfahren

Die kommunalen Spitzenverbände fordern in ihrer Stellungnahme vom Februar 1992 u.a., die sogenannten parallelen Zulassungsverfahren aus der UVP herauszunehmen.

Die Verwirklichung dieser Forderung hätte zur Folge, daß z.B. bei der Zulassung von Industrieanlagen, die mit dem Anlagenbetrieb verbundenen Abwassereinleitungen, Wasserentnahmen und sonstigen Gewässerbenutzungen nicht in die UVP einbezogen würden. Bei Atomanlagen wäre die UVP auf das atomrechtliche Genehmigungsverfahren beschränkt. Parallel laufende wasserrechtliche Verfahren, Baugenehmigungsverfahren und die Eingriffsregelung des Naturschutzrechts wären nicht Bestandteil der UVP. Das gleiche würde für die UVP-pflichtigen Abwasserbehandlungsanlagen und Rohrleitungsanlagen gelten. In der langjährigen UVP-Diskussion hat bisher noch niemand die Herausnahme paralleler Zulassungsverfahren aus der UVP gefordert. Die kommunalen Spitzenverbände sind in dieser Frage wirklich „einsame Spitze".

So hat ein besonders scharfsinniger kommunaler Rechtsdenker die juristische Entdeckung gemacht, daß in der Anlage zu §3 UVPG nur diejenigen Zulassungsverfahren aufgeführt sind, die die UVP-Pflichtigkeit eines Vorhabens begründen, also z.B. das immissionsschutzrechtliche oder das atomrechtliche Genehmigungsverfahren. Die sogenannten parallelen Zulassungverfahren werden in der Anlage zu §3 UVPG nicht eigens genannt. Hieraus wird messerscharf der Schluß gezogen, daß parallele Zulassungsverfahren nicht in die UVP einbezogen sind.

Ignoriert werden dabei allerdings die §§2 und 14 UVPG, die die Einbeziehung aller vorhabenrelevanten Zulassungsverfahren in die UVP anordnen. Die Forderung der kommunalen Spitzenverbände ist also gesetzeswidrig und verstößt obendrein gegen Artikel 3 der EG-Richtlinie.

Es ist schwer erklärlich, wie diese gesetzeswidrige Forderung überhaupt erhoben werden konnte.

### 1.2.3 UVP-Gesetz und Bauleitplanung

Die kommunalen Spitzenverbände vertreten ferner die Ansicht, daß das UVP-Gesetz – mit Ausnahme des §8, der die grenzüberschreitende Behördenbeteiligung regelt –, keine Anwendung auf die Bauleitplanung findet.

Diese Auffassung wird inzwischen auch von einem anderen Bundesressort – jedenfalls auf Arbeitsebene – vertreten. Ferner wird sie von einigen Baurechtsautoren in Fachtzeitschriften verbreitet.

Die kommunalen Spitzenverbände stützen ihre Auffassung auf §17 UVPG, der folgende drei Aussagen enthält:

1. Für Bauleitpläne, die die Grundlage für Entscheidungen über die Zulässigkeit UVP-pflichtiger Projekte sein können, ist im Bauleitplanverfahren eine UVP durchzuführen, deren **Verfahrens**anforderungen sich nach den Vorschriften des Baugesetzbuchs richten.
2. Im Bauleitplanverfahren gilt für die UVP die Begriffsbestimmung des UVP-Gesetzes. Unter „UVP" ist gemäß §2 Abs. 1 Satz 2 UVPG zu verstehen:

   *„die Ermittlung, Beschreibung und Bewertung der Auswirkungen eines Vorhabens auf*

   - *Menschen, Tiere und Pflanzen, Boden, Wasser, Luft, Klima und Landschaft, einschließlich der jeweiligen Wechselwirkungen,*
   - *Kultur und sonstige Sachgüter",*
3. Der „Umfang der Prüfung" bestimmt sich nach baurechtlichen Vorschriften.

Die erste Aussage in §17 UVPG, nach der sich das Verfahren der UVP im Bauleitplanverfahren nach dem Baurecht richtet, ist unstrittig. Dagegen ist strittig, ob die Bezugnahme in §17 UVPG auf die Begriffsbestimmung der UVP nach §2 Abs. 1 Satz 2 UVPG einen eigenen Regelungsgehalt besitzt.

Während in der amtlichen Begründung zu §17 UVPG[2)] dargelegt wird: *„Die Definition der UVP in §2 Abs. 1 gilt* ***unmittelbar*** *für die Bebauungsplanung",* behaupten die kommunalen Spitzenverbände, daß die Bezugnahme auf die UVP-Definition „keinen selbständigen materiellrechtlichen Gehalt" habe. Die praktische Bedeutung dieses Auslegungsstreits für die Bauleitplanung besteht im folgenden:

Geht man mit der amtlichen Begründung zu §17 UVPG davon aus, daß die UVP-Definition des §2 Abs. 1 Satz 2 UVPG unmittelbar in der Bauleitplanung gilt, dann richtet sich die UVP in der Bauleitplanung nicht nur nach den generalklauselartigen Anforderungen des §1 Abs. 5 BauGB wie z.B.

- *„eine menschenwürdige Umwelt sichern"*,
- *„die natürlichen Lebensgrundlagen sichern"* oder
- *„die Belange des Umweltschutzes, des Naturschutzes usw. berücksichtigen"*.

Vielmehr sind die „Umweltauswirkungen" UVP-pflichtiger Vorhaben, für deren Zulassung die Bauleitplanung eine Entscheidungsgrundlage bildet, gemäß §2 Abs. 1 UVPG zu „ermitteln", zu „beschreiben" und zu „bewerten".

Dabei richtet sich der „Umfang" – d.h. der Detailliertheitsgrad – der Ermittlung und Beschreibung von Umweltauswirkungen in tatsächlicher Hinsicht nach dem jeweiligen Stand der Planungen und in rechtlicher Hinsicht – wie es §17 UVPG vorschreibt – nach den Vorschriften des Baurechts. Freilich sind für die Ermittlung, Beschreibung und Bewertung der Umweltauswirkungen die „Kriterien und Verfahren" heranzuziehen, die von der Bundesregierung gemäß §20 Nr. 1 UVPG durch allgemeine Verwaltungsvorschrift bestimmt werden. Nach dem Referentenentwurf der UVPVwV sollen für bestimmte Umweltbereiche Qualitätsanforderungen in Gestalt von rechtlich unverbindlichen Orientierungswerten als Bewertungskriterien für die UVP festgelegt werden. Die Orientierungswerte wären in der Bauleitplanung als Abwägungsbelange zur berücksichtigen. Eine rechtliche Bindung oder Einschränkung der kommunalen Planungshoheit geht von diesen Orientierungswerten nicht aus. Die – nicht unwichtige – praktische Bedeutung der Orientierungswerte besteht darin, daß ihre Überschreitung eine Begründungslast auslöst.

Demgegenüber verurteilt die Auffassung der kommunalen Spitzenverbände das UVP-Gesetz zur völligen Bedeutungslosigkeit für die Bauleitplanung. §17 UVPG wäre lediglich eine symbolische Geste des Gesetzgebers ohne normative Kraft. In der Tat hat der Deutsche

Städtetag mit Rundschreiben an seine Mitglieder vom 1. März 1990 das UVP-Gesetz für die Bauleitplanung als eine reine PR-Maßnahme in Richtung EG-Kommission eingestuft. Es heißt in dem Rundschreiben:

*„Die Aufnahme der Bauleitplanung in das UVPG ist offenbar lediglich geschehen, um die Erfüllung der EG-rechtlichen Voraussetzungen schlüssig nachweisen zu können."*

Staatssekretär Stroetmann vom BMU ist dieser Auffassung in einem Schreiben an den Deutschen Städtetag im Jahr 1990 entgegengetreten. Leider ohne Erfolg, wie die Stellungnahme der kommunalen Spitzenverbände vom Februar 1992 zeigt.

Die kommunalen Spitzenverbände begründen ihre These von der Nichtanwendbarkeit des UVP-Gesetzes auf die Bauleitplanung u. a. mit der Entstehungsgeschichte von Baugesetzbuch und UVP-Gesetz. Das Baugesetzbuch enthalte eine eigenständige und abschließende Umsetzung der UVP-Richtlinie für die Bauleitplanung, soweit diese ausnahmsweise eine Vorhabenszulassung darstelle, z. B. Bebauungsplanbeschlüsse, die Planfeststellungsbeschlüsse für Fernstraßen ersetzen. Im übrigen werde die Bauleitplanung von der UVP-Richtlinie und ihrer Umsetzung nicht erfaßt, weil sich die Richtlinie nur auf Einzelvorhaben, nicht aber auf Pläne und Programme beziehe. Auf diese Rechtslage habe der UVP-Gesetzgeber ausdrücklich Rücksicht genommen.

Diese „Neuschreibung" der Entstehungsgeschichte des UVP-Gesetzes ist natürlich nicht zulässig.

Bis Mitte 1988 lehnten die kommunalen Spitzenverbände und ein Bundesressort bereits jede Erwähnung der Bauleitplanung im UVP-Gesetz strikt ab. Auf politischen Druck – nicht zuletzt aus dem kommunalen Bereich – kam schließlich die Kompromißregelung des § 17 UVPG zustande. Wie eben dargelegt, sollte sich das Verfahren und der „Umfang" der UVP – d. h. ihr Detailliertheitsgrad – nach dem Baugesetzbuch richten, während für die Schutzgüter sowie für die Begriffe der Umweltauswirkungen und ihrer Ermittlung, Beschreibung und Bewertung der § 2 Abs. 1 UVPG rechtlich maßgebend sein sollte. Der Regierungsentwurf des UVP-Gesetzes beschränkte diese Regelung noch auf die Bebauungsplanung.

Im Gesetzgebungsverfahren wurden auf Drängen einzelner Länder und Kommunen Flächennutzungspläne in §2 Abs. 3 Nr. 4 UVPG aufgenommen sowie bebauungsplanpflichtige Feriendörfer, Hotelkomplexe und sonstige große Einrichtungen für die Ferien- und Fremdenbeherbergung als Nr. 15 in den Katalog UVP-pflichtiger Vorhaben nach §3 UVPG eingefügt. Aus dieser Entstehungsgeschichte folgt, daß weder der vorhabenbezogene Regelungsansatz der Richtlinie noch die Entstehungsgeschichte des Baugesetzbuchs für die Auslegung des UVP-Gesetzes im Hinblick auf die Bauleitplanung herangezogen werden dürfen. Denn zum einen geht der UVP-Gesetzgeber bewußt über den vorhabenbezogenen Regelungsansatz der EG-Richtlinie hinaus, indem er Flächenbenutzungs- und Bebauungspläne in das UVP-Gesetz aufnahm, zum anderen hat sich der Gesetzgeber nicht mit den Regelungen des Baugesetzbuchs zufrieden gegeben, sondern für die Begriffselemente der UVP den §2 Abs. 1 UVPG in der Bauleitplanung für unmittelbar anwendbar erklärt.

Nach Auffassung der kommunalen Spitzenverbände erschöpft sich der Zweck der §17 UVPG darin, die Anwendung des UVP-Gesetzes in der Bauleitplanung auszuschließen. Hierdurch werde zudem sichergestellt, wie es in der Stellungnahme der kommunalen Spitzenverbände heißt,

*„daß es weiterhin möglich bleibt, im Rahmen einer planerischen Abwägung den Belangen des Umweltschutzes gegenüber anderen Interessen im Einzelfall auch einmal den Nachrang einzuräumen.“*

Gegen die Möglichkeit eines solchen Abwägungsergebnisses ist sicherlich nichts einzuwenden. Freilich wollte der Gesetzgeber, daß bei Abwägungen dieser Art die Bewertungskriterien der UVP nach §2 Abs. 1 UVPG mitberücksichtigt werden. Daher wurden u.a. Feriendörfer, Hotelkomplexe und sonstige große Einrichtungen für die Ferien- und Fremdenbeherbergung nachträglich in das UVP-Gesetz eingefügt und dem Regime des §17 UVPG unterworfen. Als Anknüpfungspunkt der UVP-Pflichtigkeit dieser Vorhaben wurde die Bebauungsplanung gewählt, weil das Baugenehmigungsverfahren der Gesetzgebungskompetenz des Bundes entzogen ist und sich ausschließlich nach Landesrecht richtet.

Hierzu haben die Berichterstatter des Umweltausschusses des Deutschen Bundestages ausgeführt[3]:

*„Die genannten Vorhaben können mit so schwerwiegenden Eingriffen in Natur und Landschaft verbunden sein, daß ihre Einbeziehung in das UVP-Gesetz sachlich geboten ist."*

Es bleibt festzustellen: Der Gesetzgeber kann nicht gleichzeitig anordnen, die Bebauungsplanung nach Nr. 15 der Anlage zu §3 UVPG in das UVP-Gesetz einzubeziehen und sie nach §17 UVPG von der Anwendbarkeit des UVP-Gesetzes gänzlich auszunehmen.

Die These der kommunalen Spitzenverbände von der Nichtanwendbarkeit des UVP-Gesetzes auf die Bauleitplanung führt zu einem unlösbaren Widerspruch und konterkariert die zitierte gesetzgeberische Zielsetzung. Die gesetzgeberische Entscheidung wird damit – wie es der Deutsche Städtetag in seinem Rundschreiben von 1990 getan hat – zu einer Maßnahme umfunktioniert, die lediglich den schlüssigen Nachweis der Erfüllung EG-rechtlicher Anforderungen erleichtern soll.

So kann Demokratie und Rechtsstaatsverständnis nicht aussehen. Das Parlament wird zur PR-Agentur in Sachen UVP herabgestuft.

## 1.3 Zur Problematik „rein ökologischer" oder „rein fachlicher" Bewertungsmaßstäbe für die UVP

Zu den „heiligen Kühen" der UVP-Gemeinde gehört die Forderung nach „rein ökologischen" oder „rein fachlichen" Bewertungsmaßstäben. So wird gefordert, für die UVP nur objektiv-fachliche Bewertungsmaßstäbe zuzulassen, die sich aus der Ökologie, der Medizin oder einer anderen Wissenschaftsdisziplin ergeben sollen.

Ferner werden Bewertungsmaßstäbe gefordert, die ausschließlich auf den Schutz der Umweltgüter gerichtet sind und weder Abwägungen zwischen Umweltbelangen und sonstigen Belangen noch Abwägungen zwischen konfligierenden Umweltgütern enthalten. Häufig werden das Gebot einer „wissenschaftlichen" Wertbasis und das Verbot der Abwägung miteinander verknüpft und als rechtsnormative Anforderungen der EG-Richtlinie ausgegeben. Dieses Bewertungskonzept ist weder erkenntnistheoretisch noch EG-rechtlich und schon gar nicht unter dem UVP-Gesetz haltbar. Gleichwohl bildet es die Grundlage für eine „Negativkoalition" zwischen den Verteidigern des fachrechtlichen status quo und den Verfechtern weitreichender Verschärfungen des Fachrechts, die aus gegensätzlichen Motiven das UVP-Gesetz und die Verwaltungsvorschrift zu Fall bringen wollen. Deswegen sollen abschließend Problematik und politisch-praktische Konsequenzen des Konzeptes einer sogenannten „rein ökologischen“ oder „rein fachlichen“ Bewertung für die UVP aufgezeigt werden.

**Die These lautet:**

**Die Ökologie und andere umweltrelevante Wissenschaftsdisziplinen können Sachverhalte beschreiben, bestehende Ursachen- und Wirkungszusammenhänge erklären sowie künftige Wirkungen und Entwicklungen prognostizieren. Die Wissenschaft liefert jedoch keine Bewertungsmaßstäbe. Diese sind allein umweltbezogene Ziele.**

Angesichts der Hartnäckigkeit, mit der die Ökologie und andere umweltbezogene Wissenschaften als Wertbasis in Anspruch genommen werden, sollen die Hauptmerkmale eines rationalen Bewertungsvorgangs kurz in Erinnerung gerufen werden. Über die folgenden Merkmale besteht außerhalb der UVP Einigkeit, wie jeder in den einschlägigen Lehrbüchern zur Entscheidungslehre und zur Wissenschaftstheorie nachlesen kann.

Der Sachnähe wegen soll besonders hingewiesen werden

- auf die VDI-Richtlinie 3780 von 1991 zur Technikbewertung[6)] sowie
- auf den Aufsatz von Bechmann[1)] in dem von Kongreßveranstaltern 1991 herausgegebenen Buch zur Bewertungsproblematik und
- auf den Aufsatz von Eberle[4)] in der von der Kommunalen Umwelt-Aktion – ebenfalls 1991 – herausgegebenen Schrift zur „Kommunalen Umweltverträglichkeitsprüfung“.

Die Bewertung von Umweltauswirkungen ist durch allgemeine Merkmale gekennzeichnet:

1. Bewerten besteht allgemein in der regelhaften Verknüpfung eines umwelterheblichen Sachverhalts mit umweltbezogenen Wertmaßstäben zu einem Werturteil. Kurz: Bewerten ist ein Ist-Soll-Vergleich.

2. Bewertungsmaßstäbe sind Ziele, d.h. angestrebte, künftige Sachverhalte. Umweltbezogene Ziele können sich ergeben aus

   - religiösen, ethischen oder sonstigen philosophischen Postulaten,
   - gesellschaftlich akzeptierten Werthaltungen,
   - politischen oder rechtlichen Entscheidungen.

   Ziele ergeben sich aber nicht aus der Ökologie oder sonstigen umweltbezogenen Wissenschaften.

3. Das Ergebnis der Bewertung ist eine Aussage über den Grad der Übereinstimmung zwischen einem umwelterheblichen Sachverhalt und umweltbezogenen Zielen. Das Bewertungsergebnis besteht also nicht in einer Aussage z.B. über Art, Ausmaß und Eintrittswahrscheinlichkeit von Gesundheitsbeeinträchtigungen durch bestimmte Schadstoffe. Diese Aussage wäre Gegenstand einer Wirkungsprognose und damit Gegenstand der Ermittlung und Beschreibung von Umweltauswirkungen.

   Hingegen bestünde die Bewertung der prognostizierten Gesundheitsbeeinträchtigungen in der Aussage, daß diese Wirkungen mit dem angestrebten Zielzustand vereinbar sind oder nicht.

**Aus allem folgt:**

Die Aufgabe der Ökologie und anderer umweltbezogener Wissenschaftsdisziplinen besteht bei der UVP in der Ermittlung und Beschreibung von Umweltauswirkungen, nicht in ihrer Bewertung. Diese erfolgt anhand umweltbezogener Ziele. Eine „rein ökologische“ oder „rein fachliche“ Bewertung ist prinzipiell unmöglich. Es sollte deshalb im Rahmen der UVP auf den Begriff der „rein ökologischen“ oder „rein fachlichen“ Bewertung verzichtet werden.

**Die zweite These lautet:**

**Sofern umweltbezogene Ziele nicht einfach religiöse, ethische oder philosophische Postulate darstellen, ist ihre Festlegung – sowohl generell als auch im Einzelfall – unvermeidbar mit Abwägungselementen verbunden.**

**Beispiel:**

Kohlekraftwerke mit einer Feuerungswärmeleistung über 200 MW sind UVP-pflichtig. In ganz seltenen Fällen kann es bei Kohlekraftwerken zu Kesselexplosionen kommen, die je nach Sachlage Gesundheits- und Umweltschäden verursachen können.

Bei einem „rein ökologischen" – ausschließlich auf Minimierung von Explosionsschäden gerichteten – Bewertungsansatz wären Kohlekraftwerke wohl nur tolerierbar, wenn man die Kesselanlage mit einem Stahlcontainment – ähnlich wie bei einem Kernkraftwerk – umgäbe.

Müßte man nicht aus „ökologischer Sicht" diese Forderung als Bewertungsmaßstab für die UVP von Kohlekraftwerken aufstellen? Bislang hat noch niemand diese Forderung erhoben – auch die engagiertesten UVP-Verfechter nicht. Wie erklärt sich das? Es ist für jedermann unmittelbar evident, daß der Aufwand für eine solche Sicherheitsmaßnahme völlig außer Verhältnis zu dem gewonnenen Schutz vor Explosionsschäden steht. Wer die Forderung nach einem Stahlcontainment für Kohlekraftwerke erhebt, würde sich lächerlich machen. Die Beurteilung, daß der Bau eines Stahlcontainments für Kohlekraftwerke unvernünftig wäre, werden sich viele angesichts der bestehenden Evidenz der Unvernünftigkeit gar nicht bewußt machen.

Was ist diese Beurteilung anderes als eine Abwägung von Umweltbelangen mit wirtschaftlichen Belangen? Wenn man – um das Konzept der „rein ökologischen" Bewertung zu retten – der Versuchung erliegt, die Forderung nach einem Stahlcontainment für Kohlekraftwerke als Bewertungsmaßstab für die UVP zu akzeptieren, wird man sie bei der „Berücksichtigung" des UVP-Bewertungsergebnisses im Rahmen der Zulassungsentscheidung wieder fallen lassen. Selbst wenn man diesen konzeptionellen „Verzweiflungsschritt" tut, kommt man hierbei nicht ohne Abwägungen aus. Wer aus Gründen des Explosionsschutzes ein Stahlcontainment für Kohlekraftwerke fordert, muß z.B. darlegen, daß der mit dem Bau des Stahlcontainments verbundene Sicherheitsgewinn schwerer wiegt als der hiermit verbundene Verbrauch an Rohstoffen und Energie oder die Risiken von Baustellenunfällen.

Wie man sich auch dreht und wendet: Bewertungsmaßstäbe – d.h. umweltbezogene Ziele – können generell oder im Einzelfall nur auf der Grundlage einer Folgenabwägung alternativer Zielzustände rational begründet werden. Die „Urfrage“ des Umweltschutzes: Wie sicher ist sicher genug? ist schon auf der Zielebene eine Abwägungsfrage. Wie verträgt sich diese These mit der Unterscheidung der EG-Richtlinie zwischen „Bewerten“ von Umweltauswirkungen und „Berücksichtigen“ des Bewertungsergebnisses bei der Zulassungsentscheidung? Denn nach verbreiteter Auffassung ist der Abwägungsvorgang allein der Berücksichtigungsstufe vorbehalten.

Zwischen Bewerten und Berücksichtigen besteht hinsichtlich der Abwägung kein prinzipieller, sondern nur ein gradueller Unterschied. Bei der Festlegung und Anwendung von umweltbezogenen Zielen als Bewertungsmaßstäben – sei es generell oder im Einzelfall – muß der Schutz der betroffenen Umweltgüter gewährleistet sein. Wie weit dieser Schutz reichen soll, wird oft schon auf der Zielebene strittig sein und kann nur im Wege der Abwägung entschieden werden. Der Schutzzweck selbst steht jedoch bei der Bewertung von Umweltauswirkungen nicht zur Disposition. Demgegenüber steht auf der Berücksichtigungsstufe der Schutz der Umweltgüter zur Disposition und kann im Einzelfall hinter andere Belange zurücktreten. Abwägen im Rahmen der Bewertung betrifft auf der Zielebene die Frage: Wie weit wird geschützt?

Abwägen im Rahmen der Berücksichtigung betrifft die Frage, ob überhaupt geschützt wird. Dies ist eine graduelle Unterscheidung. Sie ist in der deutschen Diskussion zu einer Prinzipienfrage „aufgebauscht“ worden. In anderen EG-Staaten führt man und versteht man den deutschen Prinzipienstreit nicht. Das UVP-Gesetz hat Grundsatzentscheidungen zur Wahl der Bewertungsmaßstäbe sowie zum Verhältnis von Bewerten und Berücksichtigen getroffen. Es darf nicht völlig dem subjektiven Belieben des Vorhabenträgers, der Behörde oder des Gutachters überlassen bleiben, welche Bewertungsmaßstäbe heranzuziehen sind und nach welchen Regeln die Abwägung verschiedener Belange zu erfolgen hat.

Aus der Menge religiöser, ethischer, philosophischer, gesellschaftlicher, politischer, rechtlicher oder sonstiger denkbarer Bewertungsmaßstäbe läßt das UVP-Gesetz nur rechtlich festgelegte oder – im Wege der Gesetzesauslegung – rechtlich legitimierbare Bewertungsmaßstäbe für die UVP zu. Hiergegen ist der Vorwurf erhoben worden, durch das UVP-Gesetz verkümmere die Umweltverträglichkeitsprüfung zu einer „Gesetzesverträglichkeitsprüfung“, die notwendigerweise weit hinter dem wissenschaftlich-technischen Erkenntnisfortschritt herhinke und der Vorsorgeorientierung der EG-Richtlinie widerspreche.

Dieser Vorwurf verkennt völlig, daß das Zulassungsrecht – insbesondere seine zahlreichen unbestimmten Gesetzesbegriffe, wie Wohl der Allgemeinheit, schädliche Umwelteinwirkungen, Nachteile etc. – offen ist für jede wissenschaftliche Entwicklung. Wo freilich präzise Festlegungen durch Gesetz, Rechtsverordnung oder Verwaltungsvorschrift getroffen sind, müssen sich die Behörden daran halten. Dies folgt aus dem Rechtsstaatsprinzip, nicht aus dem UVP-Gesetz. Wer also bestimmte rechtlich festgelegte Bewertungsmaßstäbe – wie z.B. die TA-Luft – für falsch hält, der muß sich für eine Änderung der entsprechenden Vorschriften des Fachrechts einsetzen. Die UVP ist hierfür kein Vehikel.

Das Verhältnis von Abwägung bei der Konkretisierung rechtlicher Bewertungsmaßstäbe und von Abwägung bei der Berücksichtigung des Bewertungsergebnisses im Rahmen der Zulassungsentscheidung richtet sich nach der Struktur der einschlägigen Zulassungsvorschriften des Fachrechts (siehe hierzu den Referentenentwurf der UVPVwV).

Die praktische Bedeutung des rechtlichen Bewertungskonzepts des UVP-Gesetzes liegt einmal in dem hiermit verbundenen Rationalitätsgewinn. Zum anderen und vor allem unterwirft das rechtliche Bewertungskonzept die UVP inhaltlich der gerichtlichen Kontrolle. Bewerten im Sinne des UVP-Gesetzes ist Rechtsanwendung. Erst die Einbeziehung der UVP in das Sanktionensystem gerichtlicher Kontrollen gibt ihr die Chance, von den Fachsystemen in der Praxis nicht völlig ignoriert zu werden. Dies ist die Machtfrage hinter dem Streit um das Bewertungskonzept in der UVP-Verwaltungsvorschrift.

## 1.4 Zusammenfassung

- Wertbasis der UVP sind politisch-rechtliche umweltbezogene Entscheidungen, nicht die Ökologie oder andere Wissenschaftskonzepte.
- Jede rationale Bewertung ist unvermeidbar mit Abwägungselementen verbunden. Daher besteht zwischen Bewerten und Berücksichtigen nur ein gradueller, kein prinzipieller Unterschied.

– Das rechtliche Bewertungskonzept des UVP-Gesetzes verbindet die UVP mit dem Sanktionensystem gerichtlicher Kontrollen und schafft damit eine wesentliche Voraussetzung für die praktische Wirksamkeit der UVP.

Nach allem erweist sich die „rein Ökologische“ oder „rein fachliche“ Bewertung von Umweltauswirkungen als eine Fata Morgana.

## 1.5 Literatur


1) **Bechmann, A.**: Bewertungsverfahren – der handlungsbezogene Kern von Umweltverträglichkeitsprüfungen, in: K.-H. Hübler, K. Otto Zimmermann (Hrsg.), Bewertung der Umweltverträglichkeit, 2. Auflage, Taunusstein 1991, 84 ff.

2) BT-Drs. 11/3919, 30

3) BT-Drs. 11/5532, 40

4) **Eberle, D**: Leitlinien zur Bewertung von Einzelwirkungen und zur medienübergreifenden Gesamtbewertung im Rahmen der UVP, in: Kommunale Umweltaktion U.A.N. (Hrsg.): Kommunale Umweltverträglichkeitsprüfung, Hannover 1991, 13 ff.

5) **Töpfer, K.**: Auf dem Weg zu einem Umweltgesetzbuch, in: Dokumentation zur 15. wissenschaftlichen Fachtagung der Gesell. für Umweltrecht 1/2. November 1991, Berlin 1992, 18 ff.

6) VDI, Technikbewertung – Begriffe und Grundlagen, Erläuterungen und Hinweise zur VDI Richtlinie 3780, Düsseldorf 1991.

# 2. Umweltverträglichkeitsprüfung aus kommunalpolitischer Sicht – Das Beispiel Landau

**Peter Schirmer**

Die eine Seite der UVP-Medaille ist die rechtlich-administrative Sicht einschließlich gewisser Vollzugsprobleme des UVP-Gesetzes. Die andere Seite wird ausgefüllt durch den kommunalpolitischen Willen, mit dem den heutigen Umweltansprüchen Rechnung getragen wird.

Die Stadt Landau i.d. Pfalz im Süden von Rheinland-Pfalz hat sich bisher offiziell noch nicht als „Umweltstadt" bezeichnet. Gleichwohl wird angestrebt, daß zukünftig Landau neben Freiburg, Radolfzell, Erlangen u.a. als umweltorientierte Stadt anerkannt wird.

Neben der vollständigen Sanierung unseres Abwassersystems, der Formulierung eines neuen Abfallbewußtseins, der Schließung eines Umweltvertrages mit einer bekannten Automarke zur Markteinführung von Elektroautos, der Erarbeitung eines innerstädtischen Verkehrskonzeptes mit dem Ziel, die innere Altstadt autoarm zu machen und ein neues Fahrradbewußtsein zu entwickeln, wird derzeit für die Gesamtfläche der Stadt eine Umweltverträglichkeitsprüfung auf dem Niveau des Flächennutzungsplanes (FNP) erarbeitet.

- Wie kam es dazu?
- Ist dieser Weg tatsächlich richtig?
- Was kann man anderen Städten empfehlen?

## 2.1 „Der Weg zur UVP"

Anfang 1987 scheiterte nach intensiver Umweltdiskussion eine beabsichtigte größere Industrieansiedlung an der bezweifelten Umweltverträglichkeit der geplanten Produktion. Das entsprach bereits den damals aktuellen Zeichen der Zeit. Nachdem bis Anfang der 70er Jahre der wirtschaftliche und arbeitsmarktpolitische Nachholbedarf bzw.

Nachvollzug des Wirtschaftswunders immer noch im Vordergrund stand, rückte mit dem Wechsel in die 80er Jahre immer stärker die Umweltproblematik in den Vordergrund – auch bei der Stadtplanung.

Für die Kommunalpolitik der Stadt Landau bedeutete dies, daß für das nächste und neue Industriegebiet – „Gewerbepark Horstwiesen – F 7" –, das im Flächennutzungsplan rechtskräftig ausgewiesen war, im Rahmen des detaillierteren Bebauungsplanverfahrens eine Umweltverträglichkeitsprüfung bei einem externen Büro in Auftrag gegeben wurde.

Damit ging die Stadt Landau bereits Ende der 80er Jahre weit über die damaligen – und übrigens auch über die aktuellen rechtlichen – Anforderungen hinaus. Landau war die erste Stadt, die für einen gesamten Bebauungsplan und nicht nur für ein einzelnes Projekt eine Umweltverträglichkeitsprüfung durchführen ließ. Die Bestätigung der Richtigkeit dieser Entscheidung kann anhand von Artikeln aus der Lokalpresse nachverfolgt werden. Unter diesen Voraussetzungen war es nicht überraschend, daß der Stadtrat in einer denkwürdigen Sitzung am 23. Oktober 1990 beschloß, daß *„das Verfahren zur Aufstellung des Bebauungsplanes F 7 – Gewerbepark Horstwiesen – aufgrund des vorliegenden Schlußberichtes der Umweltverträglichkeitsprüfung eingestellt wird."*

In der gleichen Sitzung beschloß der Stadtrat konsequenterweise *„die Erstellung einer Umweltverträglichkeitsprüfung zur Fortschreibung des (gesamten) Flächennutzungsplanes".*

Beide Beschlüsse erfolgten einstimmig durch alle im Stadtrat vertretenen Parteien bzw. Gruppen!

## 2.2 UVP und Flächennutzungsplan

Umweltverträglichkeitsprüfung auf Basis des Flächennutzungsplanes – auch dies derzeit wohl eine bisher einzigartige Vorgehensweise einer Kommune, die damit weit über den Rahmen der umweltgesetzlichen Anforderungen hinausgeht und damit zukunftsweisende Entscheidungen getroffen hat.

**Nachfolgend einige Flächenprobleme:**

Die Politik fordert sparsamen Umgang mit den Ressourcen Fläche und Energie. Durch sinnvolle Zuordnung von Arbeits- und Siedlungsräumen soll Verkehr vermieden werden; die Inanspruchnahme neuer Flächen soll gleichzeitig äußerst sparsam erfolgen; trotzdem sprechen wir von Wohnungsnot mit der Forderung nach mehr Neubauland. Arbeitsplätze in Gewerbe- und Industriegebieten sollen neu geschaffen werden, es soll aber auch ein Flächenrecycling durch Umnutzung in den Städten erreicht werden. In Landau ist zusätzlich das Thema „Konversion“ aktuell. Das französische Militär nutzt ca. 340 ha Land, wovon ca. 100 ha überbaut sind. Was soll mit diesen insgesamt 340 ha werden (Landschaftsschutzgebiet, Industriegebiet, Universitätsgelände oder Wohngelände?). Wie erfolgt die verkehrliche Verknüpfung?

Landau ist die zweitgrößte weinbautreibende Gemeinde Deutschlands; das Stichwort „Mengenregulierung“ führt zu Überlegungen der Stillegung von weinbaugenutztem Gelände. Ist eine Folgenutzung von Weinbaugelände für die Wohnungsnutzung ökologisch besser als eine Folgenutzung von Truppenübungsgelände?

Es gibt eine Vielzahl von Fragen an die Stadtentwicklungsplanung, die ökologisch nur dann richtig beantwortet werden können, wenn die Summe der gewünschten Nutzungsansprüche einer nach allen Seiten offenen Umweltverträglichkeitsuntersuchung untergeordnet wird. Aufgabe der UVP auf Flächennutzungsplan-Ebene ist daher auch: Ökologisch verträgliche Bereiche für die verschiedenen Nutzungen auszuwählen und eventuell notwendige zusätzliche Umweltschutz-Auflagen an die zukünftige umweltverträgliche Nutzung zu machen. Die UVP wird daher in einer Umweltdatenbank, in der die spezifischen Eingriffsdaten ebenso wie die jeweils aktuelle Flächenbilanz enthalten ist, münden müssen.

## 2.3 Empfehlungen für andere Kommunen

Aufgrund der kommunalpolitischen Erfahrungen der Stadt Landau kann man allen Kommunen nur dringend empfehlen, die UVP auf FNP-Ebene durchzuführen.

Damit erhält man wichtige umweltorientierte Grundinformationen für eine zukünftige Flächenpolitik und kann somit rechtzeitig den Umweltaspekt in der Stadtentwicklungsplanung berücksichtigen.

Man vermeidet damit einen späteren projektbezogenen Umweltschock und trägt so dem Vorsorgeprinzip Rechnung.

# 3. Thesen und Forderungen der Naturschutzverbände zur Umweltverträglichkeitsprüfung

**Eberhard Schulz**
**Rüdiger Engel**
**Klaus-Peter Gussfeld**

## 3.1 Die Krise der UVP aus der Sicht eines Umweltverbandes

### 3.1.1 Schwächen und Kritikpunkte des UVP-Gesetzes

**These 1:**

**Die UVP – einmal als „Königsweg der Umweltpolitik“ bezeichnet – ist im vorliegenden UVP-Gesetz (UVPG) zu einer Minimallösung degeneriert, die allenfalls geeignet ist, Partikularinteressen ein ökologisches Mäntelchen umzuhängen.**

**Begründung:**

- Das vorliegende UVPG erfaßt nur bestimmte Projekte; Planungen und Programme bleiben außen vor. Dies ist ein schwerer Mangel, weil eigentlich dort, wo – auch im Sinne einer echten Umweltvorsorge – Politik im Grundsätzlichen formuliert wird, die Umweltverträglichkeit dieser Politik überprüft werden muß. Also muß die Umweltverträglichkeitsprüfung schon auf der Ebene von bundes- und landespolitischen Fachprogrammen sowie gemeindlicher Entwicklungsplanung ansetzen. Das bedeutet: rechtzeitig für den politischen Diskussionsprozeß und nicht erst, wenn die grundsätzlichen Entscheidungen bereits gefallen sind. Hinzu kommt, daß nur so eine Überprüfung von Summenwirkungen von parallelen und aufeinanderfolgenden Einzeleingriffen in die Umwelt stattfinden kann.

  Beispiel: Bundesverkehrswegeplanung

  Eine neue Autobahn wird nicht dadurch zum umweltfreundlichen Projekt, weil eine Umweltverträglichkeitsprüfung zu dem Ergebnis gekommen ist, daß es sinnvoll sei, für mehrere 100 Millionen DM neue Tunnellösungen und Grünbrücken zu realisieren. Eine Umweltverträglichkeitsprüfung muß deshalb schon als Planungs-UVP auf der ersten Stufe der sogenannten integrierten Verkehrswegeplanung stattfinden, wo noch wirklich alternative Möglichkeiten (wie z.B. eine Koordination der Verkehrsträger) zur Diskussion stehen sollten.

- Dies führt auch zum zweiten Punkt: Die Alternativenprüfung bildet ein Herzstück der Umweltverträglichkeitsprüfung. Sowohl Standortalternativen als auch Projektalternativen sind so frühzeitig wie möglich einzubeziehen. Da das UVPG nicht zur frühzeitigen und zwingenden Prüfung von Alternativen – einschließlich der Nullvariante – verpflichtet, ist eine Alternativenprüfung, die den qualitativen Anforderungen an eine Umweltverträglichkeitsprüfung gerecht wird, also die Ausnahme und nicht die Regel.

- Dadurch, daß die UVP weitgehend in bestehende Verfahrensabläufe integriert wurde (Artikelgesetz), wird nicht nur der Vorrang bestehender Fachgesetze festgeschrieben, sondern auch die Durchschlagkraft der Umweltverträglichkeitsprüfung gegenüber häufig gegenläufigen Interessen in diesen Fachgesetzen entscheidend geschwächt. Im Augenblick sind die Behörden mehr oder weniger „Richter in eigener Sache“, d.h. sie entscheiden über den Untersuchungsrahmen, die Bewertung der Untersuchung und schließlich auch über die Genehmigung.

- Die Öffentlichkeitsbeteiligung ist im UVPG zu schwach ausgebildet, es sollte eine Jedermann-Beteiligung einschließlich eines Rechts zur Einsichtnahme in die UVP-Unterlagen vorgesehen werden. Umweltverbände üben hierbei eine Stellvertreterfunktion für die bedrohte Natur und Umwelt aus.

- §12 UVPG scheint einen Rückgriff auf bestehende technische Standards wie TA Luft und TA Lärm im Rahmen der Umweltverträglichkeitsprüfung über das Vorhaben nicht auszuschließen. Können diese bestehenden Standards aber wirklich übernommen werden? Die Standards sind in der Regel nicht UVP-gerecht, weil sie über ökologische Belange hinaus in einer eigenen Abwägung schon ökonomische und soziale Belange aufgenommen haben. In der Umweltverträglichkeitsprüfung ist eine eigenständige Bewertung anhand ökologischer Ziele und Kriterien vorzunehmen, wobei nicht nur eine sektorale, sondern eine medienübergreifende interdisziplinäre Sichtweise anzuwenden ist (Beispiel: nicht einzelne Schadstoffe, sondern Schadstoffpfade und Synergismen sind zu betrachten).

**These 2:**

**Die EG-UVP-Richtlinie ist durch die Bundesrepublik Deutschland in Gestalt des UVPG nur mangelhaft umgesetzt worden. Deshalb haben der Verein zur Förderung der UVP und die Umweltverbände im Juli 1991 bei der Kommission der Europäischen Gemeinschaften eine Beschwerde wegen Nichtbeachtung des Gemeinschaftsrechts bei der Umsetzung der EG-UVP-Richtlinie eingereicht.**

**Begründung:**

- Bereits durch die verspätete Umsetzung der Richtlinie hat die BRD gegen ihre Pflichten aus dem EWG-Vertrag verstoßen. So hätte die EG-Richtlinie vom 27. Juni 1985 bereits spätestens 1988 in nationales Recht umgesetzt sein müssen. Hinzu kommt, daß die Richtlinie nicht einmal formal in vollem Umfang umgesetzt ist. Für Anlagen nach dem Bundes-Immissionsschutzgesetz und nach dem Atomgesetz ist nach bundesdeutschem Recht noch immer keine UVP durchzuführen.

- Nach Ablauf der Umsetzungsfrist wurde die im Grundsatz anerkannte unmittelbare Wirkung der Richtlinie durch die zuständigen Behörden mißachtet. Noch immer werden Genehmigungen für Anlagen nach Anhang I der Richtlinie ohne UVP erteilt (so z.B. für das Kohlekraftwerk Staudinger bei Hanau und kürzlich für ein baugleiches Kraftwerk bei Rostock).

- Auch das UVP-Gesetz vom 12. Februar 1990 wird den inhaltlichen Anforderungen der Richtlinie nicht gerecht. So entspricht das UVPG weder im Hinblick auf die vorzunehmenden Ermittlungen der Auswirkungen eines Vorhaben noch hinsichtlich der Bewertung dieser Wirkungen den Vorgaben der Richtlinie. So soll in der Neufassung der 9. (Bundes-Immissions-Schutzverordnung BImSchV) vorgeschrieben werden, daß die Ermittlung und Bewertung anhand der Vorgaben der TA Luft 1986 vorzunehmen ist. Damit wird eine – durch die Rechtsverordnung für Antragsteller und Behörden verbindliche – Eingrenzung erreicht, die dem übergreifenden Ansatz der Richtlinie eindeutig widerspricht. Denn die TA Luft berücksichtigt weder den Schutz von Boden, Gewässern und Landschaft noch den von Klima und Kulturgütern.

### 3.1.2 Politischer Stellenwert der UVP heute

**These:**

**Die von einer breiten parlamentarischen Mehrheit getragenen Bemühungen zur „Beschleunigung", „effektiveren Gestaltung" und „Straffung" verschiedener Verfahren belegen, daß eine UVP „mit Biß" heute weniger denn je gefragt ist und schwächen die Wirkungskraft der UVP weiter ab. Auf diese Weise verkommt die UVP zur Kunst am Bau, zur reinen Legitimationshilfe für umstrittene Projekte.**

**Begründung:**

- Das sogenannte Wohnungsbau-Erleichterungsgesetz von 1990 schafft einfachere Voraussetzungen für die weitere Zersiedelung des Außenbereichs, d.h. wertvolle ökologische Freiräume können „beschleunigt" vernichtet werden. Umweltbelange haben kraft Gesetzes hinten anzustehen.

- Das Verkehrswegebeschleunigungsgesetz von 1991 für die neuen Bundesländer schafft erleichterte Möglichkeiten einer Plangenehmigung, die grundsätzlich ohne UVP stattfindet. Das Raumordnungsverfahren wird fakultativ und zeitlich eng gestrafft. Eine UVP auf dieser wichtigen Planungsebene kann also entweder ganz entfallen oder wird zur Makulatur, da der zur Verfügung stehende Zeitraum für eine qualifizierte UVP viel zu knapp bemessen ist.

- Ähnliche UVP-feindliche Regelungen sind in allernächster Zukunft auch für die Bundesverkehrswegeplanung in den alten Bundesländern zu erwarten.

- Auch die im Regelungsbereich der Bundesländer liegenden Verkehrsvorhaben werden nach und nach beschleunigt und die UVP auch hier an den Rand gedrängt. Hinzuweisen ist auf das kürzlich verabschiedete Verkehrswegebeschleunigungsgesetz für Baden-Württemberg: Nur wenige Tage nach Verabschiedung des Verkehrswegebeschleunigungsgesetzes für die neuen Bundesländer brachte das baden-württembergische Verkehrsministerium im Dezember 1991 einen entsprechenden Gesetzentwurf zur ersten Lesung in den Landtag ein. Die CDU-Mehrheitsfraktion peitschte diesen in wenigen Wochen durch die zuständigen Ausschüsse und bereits am 20. Februar 1992 wurde dieser Gesetzentwurf in der letzten Landtagssitzung der alten Legislaturperiode von der CDU-Mehrheit verabschiedet.

- Darüber hinaus soll auch im Bereich der Genehmigungsverfahren von Industrieanlagen die UVP auf ein Minimalniveau reduziert werden. So werden im Rahmen der Novellierung der 9. Verordnung zur Durchführung des Bundes-Immissionsschutzgesetzes die Bürgerrechte durch Verkürzung der Auslegungsfrist der Antragsunterlagen eingeschränkt sowie im Rahmen der UVP aus unserer Sicht unzureichende Antragsunterlagen eingefordert.

## 3.2 Entwurf der Allgemeinen Verwaltungsvorschrift zur Ausführung des Gesetzes über die UVP (UVPVwV) – Chance oder weiterer Rückzug der UVP?

**These:**

**Der vorliegende Referentenentwurf der UVP-Verwaltungsvorschrift ist unzureichend. Die festzustellende Reduzierung des Anspruchsniveaus von der EG-Richtlinie über das UVP-Gesetz wird jetzt in der Verwaltungsvorschrift weiter vorangetrieben. Allerdings: Nachbesserungen wären – den politischen Willen vorausgesetzt – immer noch möglich.**

**Begründung:**

- Der Anwendungsbereich der Verwaltungsvorschrift bezieht sich zwar auf die Kriterien und Verfahren bei der Ermittlung, Beschreibung und Bewertung der Umweltauswirkungen; das methodische Grundgerüst mit entsprechenden Arbeitsschritten zur Durchführung einer UVP wird dagegen in keiner Weise vermittelt. Zur Erarbeitung der Verwaltungsvorschrift hätte zunächst der fachlich/wissenschaftliche Erkenntnisstand über das methodische Vorgehen zugrunde gelegt werden müssen.

- Da zum Regelungsgegenstand der Verwaltungsvorschrift die Kriterien und Verfahren zur Bewertung von Umweltauswirkungen zählen und wirksame Umweltvorsorge als Leitziel solcher Bewertungen anzusehen ist, muß von der Verwaltungsvorschrift erwartet werden, daß eine Antwort auf die Frage gefunden wird, wie „wirksame Umweltvorsorge" im Sinne des UVPG konkretisiert und mit Maß und Zahl belegt werden kann. Eine wirksame Umweltvorsorge ist nach Ansicht des BUND z. B. gegeben, wenn die nachhaltige Sicherung und Entwicklung der Qualitäten einzelner Umweltteilbereiche und medienübergreifend erreicht wird, die menschliche Gesundheit und das Wohlbefinden einschließlich der gesunden (abiotischen) Lebensgrundlagen sowie standorttypische Entwicklungen von Pflanzen und Tieren gewährleistet sind. Die UVPVwV zeigt keinen Ansatz einer solchen Begriffsbestimmung auf.

- Die Verwaltungsvorschrift verkürzt die Ermittlung und Beschreibung von Umweltauswirkungen sowie deren Bewertung unzulässigerweise auf die fachgesetzlichen Anforderungen; des weiteren wird die erforderliche deutliche Trennung zwischen der Bewertung der Umweltauswirkungen und deren Berücksichtigung bei der Entscheidung über die Zulässigkeit eines Vorhabens klar aufgehoben.

- Verwässert werden durch die Verwaltungsvorschrift ebenso das Scoping-Verfahren und die zusammenfassende Darstellung:

  - Die grundsätzliche Freistellung des Vorhabenträgers vom Verfahrensschritt nach § 5 UVPG (frühzeitige Antragskonferenz und Unterrichtung über den voraussichtlichen Untersuchungsrahmen) am Beispiel des § 2a, Abs. 1 der 9. BImSchV läßt die UVP zur Farce werden.

  - Nach Ansicht des BUND hat die zuständige Behörde im Verfahren zur Erarbeitung der zusammenfassenden Darstellung zu beachten, daß hier noch keine Beurteilung über die Zulässigkeit der Umweltauswirkungen vorgenommen werden darf. Vielmehr ist eine fachliche Darstellung und Beurteilung der von dem Vorhaben zu erwartenden Umweltauswirkungen zu erstellen. Hinsichtlich der Form der zusammenfassenden Darstellung ist festzustellen, daß ein behördeninternes Schriftstück pauschalen Anschuldigungen über behördlich sanktionierte „Mauscheleien“ Tür und Tor öffnet. Außerdem wird durch die Verkürzung der zusammenfassenden Darstellung auf die reine Entscheidungsvorbereitung die Differenz zwischen einer fachlich-wissenschaftlichen Beurteilung/Bewertung zu rechtlich/politisch abgewogenen Maßstäben nicht mehr deutlich.

- Nachbesserungen der Verwaltungsvorschrift wären möglich: BUND und UVP-Förderverein haben hierzu detaillierte und konkrete Vorschläge unterbreitet.

## 3.3 Thesen und Forderungen zu einer qualifizierten UVP

**These:**

**Wenn wir die UVP als Zukunftsvorsorgeaufgabe begreifen und ernst nehmen, ist eine Novellierung des UVPG erforderlich. Auch die Länder können nur noch in Einzelpunkten das UVPG ergänzen – sinnvolle, qualitative Änderungen und Weiterentwicklungen sind nahezu ausgeschlossen. Die Naturschutzverbände haben im Hinblick auf eine wünschenswerte Novellierung des UVPG detaillierte und konkrete Vorschläge ausgearbeitet.**

- **Ausweitung des Anwendungsbereichs der UVP** auf staatliche Programme und Pläne sowie weitere Einzelvorhaben durch die Länder-UVP-Gesetze.

  Beispiele:

  Haushaltsplanung, Fachplanung, Landesentwicklungsplanung, Regionalplanung, Flächennutzungsplanung.

  Eine solche Ausweitung des Anwendungsbereichs der UVP bietet eine ganz wichtige Chance zu mehr Planungsqualität und zu mehr Akzeptanz in der Bevölkerung.

- **Frühzeitige zwingende Alternativenprüfung**, die sowohl die Prüfung grundsätzlicher Art (beispielsweise Nullvariante) wie auch die Standort- und Projektfrage umfaßt.

- **Erweiterte Öffentlichkeitsbeteiligung**

  Im modernen Staat, der die Zukunft gerade im Umweltbereich dynamisch gestalten will und der sich daher auf die Anwendung unbestimmter, offener Normen und Pläne beschränkt, hat die Beteiligung der Öffentlichkeit am Verfahren eine **demokratische Legitimationswirkung,** weil ein Defizit an parlamentarischer Bestimmtheit durch einen Entscheidungsfindungsprozeß, an dem Staat und Gesellschaft beteiligt werden, ausgeglichen wird. Die Öffentlichkeitsbeteiligung soll aber auch ein **optimales Ergebnis der UVP** sicherstellen, indem alle denkbaren Möglichkeiten dargelegt werden können. Ferner ist die **frühzeitige Beteiligung der Öffentlichkeit für die Akzeptanz des Verfahrensergebnisses** unabdingbare Voraussetzung. Nur so wird eine mögliche Verfahrensverzögerung vermieden. **Deshalb muß die Öffentlichkeit so früh wie möglich auf jeder Planungsstufe, bei jeder UVP beteiligt werden.**

- **Einbindung der Umweltverbände**

  Die Umweltverbände erfüllen schon heute eine wichtige Funktion: sie **kanalisieren Individualinteressen** zugunsten der Natur und bringen **externen Sachverstand** in das Verfahren ein. Umweltschutzanliegen können vielfach weder finanziell noch im Hinblick auf eine wirksame Geltendmachung allein vom einzelnen Bürger wahrgenommen werden. Die Beteiligung der Umweltverbände im Verfahren ist daher die notwendige Ergänzung einer umfassenden Öffentlichkeitsbeteiligung. Sie dient der Verbesserung des Verfahrensergebnisses, weil sie fachliche Gesichtspunkte auch unabhängig von der individuellen Betroffenheit zur Geltung bringt. Die Umweltverbände sollen deshalb

  - so **früh** wie möglich **im UVP-Verfahren** beteiligt werden (schon im Rahmen des Scoping-Verfahrens),
  - die korrekte Durchführung des Verfahrens durch die Möglichkeit einer **Verbandsklage** überwachen können,
  - für ihre zeitaufwendigen und kostenintensiven Bemühungen **Auslagenersatz** zugesprochen bekommen (und zwar vom Antragsteller der beabsichtigten Umweltnutzung).

- **Erstellung eines eigenständigen UVP-Dokuments mit Bindungswirkung für das Verfahren**

  - Von einer Umweltverträglichkeitsprüfung, die diesen Namen verdient, ist zu verlangen, daß sie zu einem klaren und **eindeutigen Ergebnis – möglichst in Form eines Ja oder Nein – zur Frage der Umweltverträglichkeit** gelangt. Jede Untersuchung, die sich vor einem solchen klaren Ergebnis drückt, verdient nicht die Bezeichnung „Umweltverträglichkeitsprüfung“. Die gesamte UVP ist zusammen mit diesem Ergebnis in Ja/Nein-Form in einem **eigenständigen Dokument** festzuhalten und in allgemein verständlicher Form zu veröffentlichen.

  - **Bindung an das Ergebnis der UVP:** Die Sicherung der ökologischen Vielfalt unserer Umwelt ist Grundbedingung allen Lebens auf der Erde. Die UVP ist Chance und Mittel, die Überlebensfähigkeit zu sichern. Daher sind in den einschlägigen fachgesetzlichen Genehmigungen und Planungen die Ergebnisse der UVP grundsätzlich zu berücksichtigen. Ein Abweichen vom Ergebnis der UVP muß aus Sicht eines Umweltschutzverbandes die Ausnahme bleiben.

- **Nachkontrolle**

  Nur durch eine umfassende Nachkontrolle kann ein Vollzugsdefizit vermieden werden, das die selbst beste UVP zur Makulatur werden läßt. Eine wirksame Nachkontrolle erfordert nach heutigen Erkenntnissen neben **angemessener Sach- und Personalausstattung** der Behörde ein **Einsichtsrecht in Umweltakten für die Öffentlichkeit** als Kontroll- und Informationsinstrument. Daneben hat eine Kontrolle durch selbständige Überprüfungspflichten des UVP-Ergebnisses in gewissen Zeitabständen zu erfolgen, die auch den zwischenzeitlich erfolgten wissenschaftlichen Fortschritt für das betreffende Projekt fruchtbar macht. Auch bei der Nachkontrolle sind die anerkannten Umweltschutzverbände zu beteiligen.

- **Der organisatorische Vollzug ist neben der Überwachung das Herzstück der UVP**

  Die konkrete Ausgestaltung des UVP-Verfahrens verbürgt die Qualität des Ergebnisses. Die bislang dargestellten Forderungen an eine UVP lassen sich folgendermaßen umsetzen:

## Abb. 1: Ablaufschema zu UVP

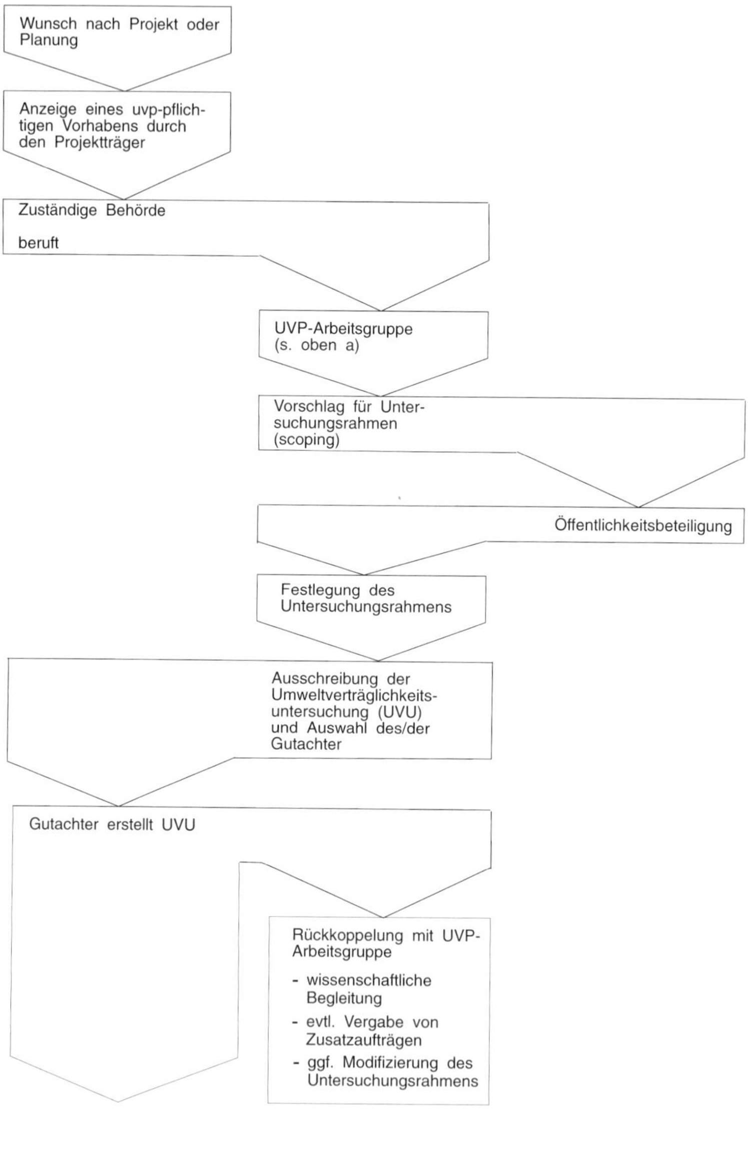

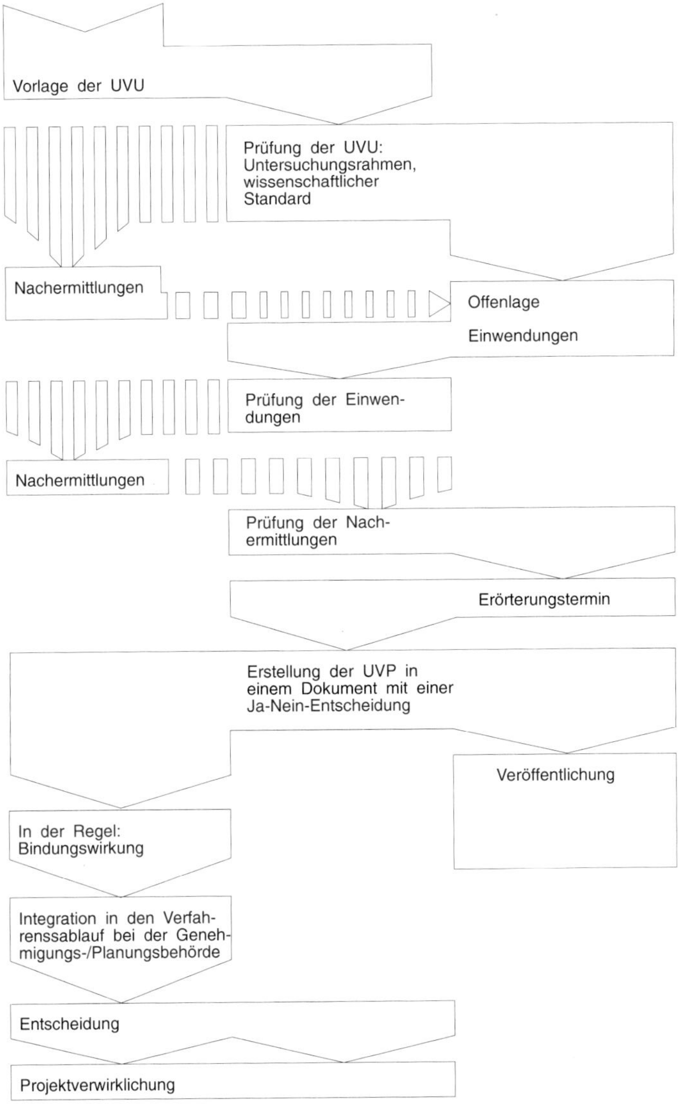
Vorlage der UVU
Prüfung der UVU: Untersuchungsrahmen, wissenschaftlicher Standard
Nachermittlungen
Offenlage
Einwendungen
Prüfung der Einwendungen
Nachermittlungen
Prüfung der Nachermittlungen
Erörterungstermin
Erstellung der UVP in einem Dokument mit einer Ja-Nein-Entscheidung
Veröffentlichung
In der Regel: Bindungswirkung
Integration in den Verfahrenssablauf bei der Genehmigungs-/Planungsbehörde
Entscheidung
Projektverwirklichung

- Die Durchführung der UVP sollte weisungsunabhängigen UVP-Arbeitsgruppen übertragen werden, die projektspezifisch bei der jeweils zuständigen Behörde zu bilden sind.
- **Struktur der UVP-Arbeitsgruppen:**
  - pluralistische Besetzung durch Antragsteller, Genehmigungs-/Planungsbehörde, Vertreter der betroffenen Gemeinden, Umweltverbände und mehrere Wissenschaftler (die einvernehmlich zu bestellen sind); Beteiligtenvertreter erhalten Aufwandsentschädigung; eine solche Struktur wird beispielsweise im Rahmen von Produktlinienanalysen auch von Vertretern der Industrie angestrebt,
  - finanzielle und sachliche Ausstattung durch Vorhabenträger und Staat,
  - grundsätzlich öffentliche Sitzungen,
  - Recht der Minderheit, im Streitfall zusätzliche Ermittlungen in Auftrag zu geben.
- Ablaufschema zur UVP.

# 4. Der Stand der UVP aus wissenschaftlicher Sicht

**Karl-Hermann Hübler**

## 4.1 Vorbemerkungen

T. Bunge[1)] hat 1988 auf dem Freiburger Kongreß einen umfassenden Überblick über den Stand der UVP-Forschung in der damaligen Bundesrepublik im Hinblick auf die seinerzeit bevorstehende gesetzliche Regelung gegeben. Diese Darstellung und Bewertung ist trotz des inzwischen verabschiedeten UVP-Gesetzes vom Prinzip noch heute zutreffend.

Wegen des noch ausstehenden Erlasses der Verwaltungsvorschriften zu § 20 UVPG stehen derzeit im Vordergrund aktuellen Untersuchungsinteresses vor allem damit im Zusammenhang stehende Rechtsfragen (z. B. UVP und Bauleitplanung).

Mittelfristig gesehen erscheinen vier Fragen besonders bedeutsam:

1. Welche Beträge sind aus wissenschaftlicher Sicht erforderlich, um die gesetzlich verordneten Umweltverträglichkeitsprüfungen und auch die freiwilligen Umweltverträglichkeitsprüfungen von Kommunen, aber auch von privaten Unternehmen, methodisch und inhaltlich zu verbessern, sie zu beschleunigen, zu verbilligen und vermittelbarer, also auch transparenter, zu machen?

2. Dringlich ist weiter, seitens der Wissenschaft Ideen und Vorschläge zu entwickeln, wie das zaghafte Instrument UVP zu einer kommunalen und regionalen Umweltplanung und -programmierung fortentwickelt werden soll und kann. Das Schlagwort hierfür ist die Einführung einer Naturhaushaltswirtschaft.

3. Es scheint geboten, Methoden und Verfahren zu entwickeln, die zu einer systematischen Evaluierung durchgeführter gesetzlich verordenter UVPs und dann zu einem schnellen Transfer der dabei gewonnenen Erkenntnisse zu den Anwendern führen. Leider hat es der Bundesgesetzgeber versäumt, diese Dokumentations- oder Evaluierungspflicht im Gesetz festzuschreiben. Vielleicht gelingt es, dies in den noch zu erlassenen Landesgesetzen zu bestimmen. Für den

Berliner UVP-Gesetzentwurf ist dies vorgeschlagen worden. Ohne die zweifellos verdienstvollen Bemühungen des UVP-Fördervereins in Frage stellen zu wollen: Es muß diesbezüglich sehr viel mehr geschehen!

4. Ein weites und noch kaum beackertes Feld sind die Untersuchung und Erfassung der Effekte freiwilliger UVPs bei den Gebietskörperschaften und bei privaten Unternehmen. Hier ist z.Zt. eine wildwüchsige Entwicklung zu beobachten, die in der Industrie und im Handel mit Begriffen wie Öko-Management, Ökocontrolling und ökologische Buchhaltung diskutiert wird und die letztlich auf das Verfahrensmuster einer UVP – wenn auch für Produkte, Prozesse oder Verhaltensweisen und Tätigkeiten – zurückzuführen ist. Hier Brücken zu bauen zwischen der staatlich verordneten UVP und den vielfältigen kommunalen und privaten Experimenten, scheint nützlich und dringlich.

## 4.2 Aktuelle Forschungsdefizite

Dringlich sind die Klärung von Verfahrensfragen und auch von neuen inhaltlichen Problemen der Anwendung der UVP in den neuen Bundesländern. Fehlende verbindliche Planvorgaben (Maßstäbe für die Bewertung) und die fehlende oder erst im Aufbau befindliche institutionelle und personelle Infrastruktur machen es zwangsläufig notwendig, auch andere Anforderungsprofile an Inhalte und Verfahren der UVP in den neuen Bundesländern zu stellen.

Dieses für die neuen Bundesländer zusammenzustellen, ist zwar vornehmlich keine Forschungsfrage, aber die Ergebnisse dieser Zusammenstellungen bedürfen alsbald der systematisierenden Bewertung und der Zusammenstellung von Arbeitshilfen.

Aber auch neue inhaltliche Fragestellungen werden zu untersuchen sein. Dazu zwei Beispiele: Der Umgang mit Anlagen der Massentierhaltungen oder das Problem der grenzüberschreitenden UVPs nach Polen und der CSFR. Das letztgenannte Problem betrifft freilich nicht nur die Grenzen nach Osten, sondern auch UVPs in den westlichen Bundesländern mit Auswirkungen zu den EG-Nachbarn (Abfallbeseitigungsanlagen im Grenzraum, Verkehrseinrichtungen z.B. Öresund-Brücke usw.).

Bedeutsam und interessant wird es schließlich auch, zu ermitteln, welche zusätzlichen Vorhaben in den Landes-UVP-Gesetzen zu bestimmen sein werden, weil der Katalog der EG-Richtlinie von 1985 und der Katalog des Bundesgesetzes zum Teil durch die Zeitläufe überholt sind. Wenn das BNatSchG tatsächlich künftig auf die Landwirtschaftsklauseln in der bisher gültigen Form verzichtet, wird es zudem notwendig, auch über die Einbeziehung weiterer Sachverhalte, die die Veränderung land-, forst- und fischereiwirtschaftlicher Nutzungen zum Inhalt haben, nachzudenken!

Neben einer Vielzahl von rechtlichen Detailfragen im Zusammenhang mit dem Vollzug des UVP-Bundesgesetzes, die in der Literatur schon breit erörtert und hier im einzelnen nicht dargestellt werden sollen, sind in den einzelnen Bundesländern auch noch eine Vielzahl von institutionellen Problemen zu lösen, die insbesondere der forschenden Mithilfe der Verwaltungswissenschaften bedürfen (Funktion der Landesumweltämter bei der UVP, Landschaftsplanung und UVP usw.).

Besonders prekär und erkenntnismäßig defizitär scheint nach wie vor das Verhältnis der UVP zur Bauleitplanung zu sein, dessen offensichtliche Wissenslücken u. a. dazu geführt haben, daß sich der Entwurf der Verwaltungsvorschrift nach § 20 UVPG im Streit der Bundesressorts festgefahren hat. Das Rundschreiben der Bundesvereinigung der kommunalen Spitzenverbände vom 10. Februar 1992/bs zur Allgemeinen Verwaltungsvorschrift zur Ausführung des Gesetzes über die Umweltverträglichkeitsprüfung (UVPVwV) zeigt ein UVP-Verständnis auf, das mit den Intentionen des UVPG nur schwerlich vereinbar scheint.

Sieht man diesen bürokratischen Streit im Kontext mit den jüngsten Ausführungen des Bundesbauministeriums zum Konflikt Naturschutz – Wohnungsbau und den zwischen BMU und BMBau eröffneten „Kampfplatz“ Naturschutzabgabe versus Bauleitplanung anläßlich der Vorstellung der Eckpunkte für die 2. Novelle des BNatSchG, so stellt sich dessen ungeachtet auch die Frage, ob es zur Schlichtung dieser Streitpunkte der Wissenschaft bedarf? Oder geht es viel eher um Machtkämpfe, deren Ausgang erfahrungsgemäß wenig oder kaum durch die Ergebnisse wissenschaftlicher Einsichten beeinflußbar ist?

Andererseits, wenn die Umweltpolitik in diesem Konflikt klein beigibt, also insbesondere den Umgang mit dem Boden und der Fläche aufgibt, dann kann man sich letzlich viele Mühen mit der UVP sparen. Dies gilt derzeit in besonderer Weise für die neuen Bundesländer, wo Flächenversiegelungen gigantischen Ausmaßes im Gange sind und derzeit die Bagger den Mutterboden bis zum Horizont schieben. Die Hochglanzbroschüre des sächsischen Wirtschaftsministeriums „Investing in Saxony“ mit dem Slogan „Kaufen Sie eines der Staatsunternehmen oder bauen Sie auf der grünen Wiese“ zeigt den Sachverhalt in erschreckender Deutlichkeit. Aber nicht nur in den neuen Bundesländern ist dieser Konflikt in der Praxis manifest; das Umfeld des Flughafens München II legt dafür ebenso ein beredtes Zeugnis ab wie Versiegelungen großen Ausmaßes in anderen Ballungsrandgebieten in den westdeutschen Ländern.

Eine andere Frage bedarf dringend der rechtlichen und inhaltlichen Klärung: Ist es notwendig und zweckmäßig, das Raumordnungsverfahren gem. § 6a ROG in den drei Stadtstaaten einzuführen?

Daß die Bewertungsproblematik ein „Dauerbrenner“ auch für die Forschung bleibt, braucht nicht besonders erwähnt zu werden. Die damit im Zusammenhang stehende Problematik der Umweltqualitätsziele ist nun endlich in der wissenschaftlichen Diskussion. Diese Diskussion wird sicher befördert werden, wenn solche Umweltqualitätsziele auch durch die Landschaftsplanung bestimmt werden sollen, wie es der jetzige interne BMU-Entwurf zur 2. Novelle zum BNatSchG vorschreiben soll. Allerdings greift diese Diskussion teilweise zu kurz, weil sie sehr stark technokratische (oder ökologistische?) Züge aufweist und die Wert- und Risikofrage nicht hinreichend problematisiert.

Für die UVP mindestens ebenso bedeutsam ist die Frage, Rechtsnormen aus anderen Bereichen, die in Natur und Landschaft eingreifend wirken, kritisch zu hinterfragen und gar aufzuheben. Dies betrifft in besonderer Weise den Straßenbau (z. B. Kriterien für den Ausbau von Ortsumgehungen), aber auch die Wasserwirtschaft oder den Tourismus. Überhaupt: die Effizienz der UVP kann sicher gefördert werden, wenn Planungs- und Prognosemethoden aus anderen Disziplinen kritischer als bisher auf den Prüfstand gestellt werden.

Das Instrument der Stoff- und Energiebilanzierungen kann wertvolle Hilfen für die Bewertung von Vorhaben geben. Hier methodische Verbesserungen zu erarbeiten, erscheint ebenso geboten wie die Notwendigkeit, mit diesem Instrument im Rahmen von Beispielsvorhaben zu experimentieren, z. B. bei der Planung von Müllbeseitigungsanlagen[2)]. Dieser Ansatz als Beitrag zu einer Naturhaushaltswirtschaft scheint dringlicher denn je: die internationalen Vereinbarungen in der Umweltaußenpolitik ($CO_2$-Vereinbarungen usw.) werden die Gebietskörperschaften zwingen, „ihre" Anteile an Umweltzerstörungen offenzulegen und zu bilanzieren. Hier ergeben sich dann auch neue umweltpolitische Perspektiven, die bei engen umweltbezogenen Kompensationslösungen anfangen und bei finanzwirtschaftlichen Transfers enden können.

## 4.3 Fortentwicklung der gesetzlichen UVP

Die Autoren des Entwurfes eines Umweltgesetzbuches[3)] haben Vorschläge zur Fortentwicklung der UVP zu einer Umweltfolgenprüfung erarbeitet. Wenn sich auch die diesbezüglichen Ansätze noch in starkem Maße an dem damals in Vorbereitung befindlichen Entwurf des UVPG orientieren, sieht man, daß sich aus diesen Vorschlägen eine Vielzahl von Forschungsfragen ableiten und formulieren lassen, die rechtzeitig aufgegriffen werden sollten.

Dazu gibt es vor allem zwei wichtige Untersuchungsfelder: die inhaltliche Frage der Definition von Wertmaßstäben und Risiken für eine Umweltfolgenabschätzung und die Frage nach der Erweiterung des Untersuchungsgegenstandes auf Pläne und Programme, die die Umweltgesetzbuch-Sachverständigen nur zögerlich angegangen sind.

Wenn die UVP zu einer Umweltfolgenabschätzung weiterentwickelt werden soll, muß man sich umfassender als bisher mit der Frage auseinandersetzen, wie Risiken definiert werden sollen und wie mit diesen umzugehen ist. Die in der Zeitschrift für angewandte Umweltforschung[4)] insbesondere von U. Beck dargestellten Überlegungen und Einsichten machen es notwendig, auch im Zusammenhang mit der UVP die Frage nach den Wertmaßstäben neu zu stellen. Bei der UVP wird noch bei den rechtlich vermittelten Grenzwerten herumoperiert, obwohl weithin bekannt ist, daß diese mit Vorsorge wenig zu tun haben. Die vorhin genannten Umweltqualitätsziele sind bisher noch überwiegend als „Luxusmaßstäbe" in den konkreten UVP-Auseinandersetzungen verwendbar. Hier eröffnet sich ein interessantes Forschungsfeld für Juristen, Sozialwissenschaftler und Ökologen, das in den nächsten Jahren auch für die Fortentwicklung der UVP an Bedeutung gewinnen wird. Bezüglich der Fortentwicklung der UVP auch für Programme und

Pläne tritt man seit Jahren sowohl methodisch als auch inhaltlich auf der Stelle.

Der Richtlinienentwurf der EG-Kommission „Fauna, Flora, Habitat“ (Richtlinie 88/247/03 vom 21. September 1988), der für bestimmte Gebiete eine Plan-UVP vorsieht, ist noch nicht vorangetrieben worden.

Ungeachtet des weiteren Schicksals dieses Richtlinienentwurfs wird die Frage nach der Überprüfung der voraussichtlichen Wirkungen von Plänen und Programmen noch von einer anderen Seite Auftrieb erhalten: Die vielfältigen Diskussionen – auch im Deutschen Bundestag, der eigens dafür eine Enquete-Kommission eingesetzt hatte – über die Technikfolgenabschätzung werden die Notwendigkeit von Wirkungsprognosen von über einzelne Vorhaben hinausgehende Entscheidungen befördern. Eine Auswertung der Erfahrungen bereits durchgeführter kommunaler UVPs kann hier wichtige Erkenntnisse zur Methodenbildung leisten. Ob dies auch zu einer Naturhaushaltswirtschaft führen wird, ist eine interessante Frage.

Hier wird sich in den nächsten Jahren ein breites Forschungsfeld für alle an der Diskussion beteiligten Disziplinen eröffnen, was spannend genug ist.

Für die UVP – ob freiwillig oder gesetzlich verordnet – stellen sich nicht nur rechtliche und ökologische Fragen. Erfreulich ist, daß sich in den letzten Jahren in Deutschland auch die betriebswirtschaftliche Forschung des Ökologie-Themas angenommen hat und eine ganze Reihe von Forschungsprojekten in Arbeit sind oder schon veröffentlicht wurden, die für die inhaltliche und methodische Fortentwicklung der UVP bedeutsam werden können[5)]. Angefangen von der UVP-gerechten Aufbereitung betrieblicher Informationssysteme bis hin zu Methoden der Bewertung gibt es eine Vielzahl von gemeinsam interessierenden Themen. Nicht nur die mikroökonomischen Aspekte interessieren. UVPs könnte man aus ökonomischer Sicht auch als Verhandlungen definieren. Die Ermittlung dieser Verhandlungskosten könnte hier – wie ich eingangs sagte – ebenso interessieren wie die Beantwortung der Frage, welchen ökonomischen Stellenwert Ergebnisse von UVPs bei den individuellen Standortentscheidungen von Unternehmen haben und haben sollten. Hier den Wissens- und Erfahrungstransfer weiter zu verbessern, könnte für beide Seiten nützlich und vorteilhaft sein.

## 4.4 Evaluierung und UVP – Begleitforschung

Das versuchte „Abspecken" der UVP, die Einwände gegen die UVP z.B. durch das Verkehrswegebeschleunigungsgesetz, durch die Bauleitplanung und durch andere Vorgänge zeigen deutlich, daß vielfach von beiden Seiten mit der Stange im Nebel oder ausschließlich recht förmlich „herumargumentiert wird", ohne daß die Bedingungen der Praxis hinreichend zur Kenntnis genommen werden. Wie sollte dies auch möglich sein, weil sich beide Seiten vielfach nur auf Einzelfälle beziehen können, bei denen meist zweifelhaft ist, ob sie repräsentativ sind. Verzögern UVPs – und hier sollen auch die Raumordnungsverfahren mit einbezogen werden – die Entscheidungsprozesse tatsächlich, wird die Qualität durch UVPs verbessert und die Akzeptanz durch Bürgerbeteiligung erhöht? Mit den hier vorgestellten Fallbespielen soll versucht werden, partiell auf diese Fragen Antworten zu geben.

Dessen ungeachtet ist neben einer systematischen Evaluierung abgeschlossener UVP- und Genehmigungsverfahren auch eine UVP-Begleitforschung in Gang zu setzen, damit Behauptungen über Zeitverzögerungen durch die UVP, Verteuerung der Planungsprozesse, Reduzierung der Entscheidungskompetenzen der Investoren durch die Öffentlichkeitsbeteiligung oder Verbesserung der Entscheidungsqualitäten durch Öffentlichkeitsbeteiligung empirisch überprüft und bewiesen oder widerlegt werden können. Ergebnisse solcher empirischer Untersuchungen könnten die Diskussion über die UVP rationalisieren und zudem auch deren Schwächen transparent machen. Gerade in der Anfangsphase der Einführung der gesetzlichen UVP könnte hier durch die Wissenschaft der Praxis wertvolle Hilfestellung geleistet werden.

Mehr noch: das „Ende der Fahnenstange" des immer stärker durch Rechtsvorschriften geregelten Umweltschutzes ist sichtbar. Die in den letzten Jahren in großer Zahl erlassenen Rechtsvorschriften haben keine grundsätzliche Wende in der Umweltpolitik insgesamt herbeiführen können, wohl aber in Einzelfällen und Medien. Bieten Ergebnisse von UVPs die Möglichkeit, die Nutzung und den Gebrauch von Natur anders und effizienter zu organisieren? Auch bei solchen Überlegungen kann man sich wiederum den Ideen von der Naturhaushaltswirtschaft nähern!

## 4.5 Schlußbemerkung

Die Prioritäten für Forschungserfordernisse im Zusammenhang mit der Durchführung der UVP in Deutschland sind subjektiv. Aus der Sicht anderer Disziplinen oder anderer Tätigkeitsbereiche lassen sich sicher andere Schwerpunkte formulieren. Dessen ungeachtet sollten mit diesen Vorschlägen Anregungen formuliert werden, die einmal bei der Fortschreibung der diversen einschlägigen Forschungsprogramme der Ressorts und anderer staatlicher und parastaatlicher Auftraggeber geprüft werden sollten und zum zweiten auch universitären Institutionen, Diplomanden, Doktoranden und anderen Wissenschaftlern Anregungen für die eigenen Arbeiten vermitteln können.

## 4.6 Literatur


1) **T. Bunge:** Umsetzung der EG-Richtlinie: Stand der Forschung und offene Fragen, in: Umweltverträglichkeitsprüfung (Hrg. K.-H. Hübler, K. Otto-Zimmermann), Taunustein, 1989.

2) **S. Hofmeister, K.-H. Hübler:** Stoff- und Energiebilanzen als Instrument der Raumordnung, Bd. 118 der Beiträge der ARL, Hannover, 1990.

3) **M. Kloepfer, E. Rehbinder, E. Schmidt-Aßmann und P. Kunig** (1990): Umweltgesetzbuch – allgemeiner Teil, Berichte des Umweltbundesamtes 7/90, Berlin.

4) Beiträge von **U. Beck, E. Helten und V. von Prittwitz**, in: Zeitschrift für angewandte Umweltforschung, Jg. 4, H. 2, 1991, 117 ff.

5) **E. Seidel, P. Pott**: Ökologieorientierte Forschung in der Betriebswirtschaftslehre – Siegener Erhebung von 1989/90 –, in: ZAU (Zeitschrift für angewandte Umweltforschung, 4. Jg., H. 3, 244–255, 1991).

# UVP –
# Aus Erfahrung kritisch betrachtet

# 5. Vorurteile gegenüber der UVP

Dietmar Habermeier

## 5.1 Vorbemerkung

Schon in der politischen Diskussion darüber, wie weit der Kreis der UVP-pflichtigen Vorhaben im deutschen UVP-Gesetz gezogen werden soll – der Bundesgesetzgeber begnügte sich schließlich mit dem in der EG-Richtlinie vorgesehenen Mindestumfang – wie auch in der auf kommunaler Ebene vielerorts noch stattfindenden Auseinandersetzung über die Einführung freiwilliger Projekt- und Plan-UVPs wird immer wieder der Einwand vorgebracht, qualifizierte UVPs verzögerten die Zulassungsverfahren und kosteten zusätzliches Geld und Personal, das nicht verfügbar ist. Ein Einwand, dem in Zeiten abflauender Konjunktur, schärfer werdender Konkurrenz der Gebietskörperschaften um Gewerbeansiedlungen und vor allem auch der sich in den meisten Städten und Kreisen dramatisch zuspitzenden Finanznot, immense Bedeutung zukommt. Es soll die Frage gestellt werden, ob und inwieweit diese Argumente einer differenzierteren Betrachtung standhalten. Dabei werden praktische Erfahrungen und Beobachtungen herangezogen, die für eine Vielzahl von kommunalen Gebietskörperschaften repräsentativ sein müßten.

Zunächst wird die Frage behandelt, welche Voraussetzungen für rationelle und effiziente UVPs vorliegen müssen; denn es liegt auf der Hand, daß dies für die Frage nach dem eigentlich durch die UVPs selbst verursachten Mehraufwand von größter Bedeutung ist. Im weiteren wird dann unterschieden zwischen UVPs, die nach dem UVPG durchzuführen sind, und ebenfalls qualifizierten freiwilligen kommunalen UVPs.

## 5.2 Voraussetzungen für rationelle und effiziente Umweltverträglichkeitsprüfungen

### 5.2.1 Umfassende Umwelt-Datenbasis

Die Prüfung der Umweltverträglichkeit von Vorhaben und Plänen setzt einen bestimmten Stand der Kenntnisse der möglicherweise tangierten Umweltmedien voraus. Je besser die Datenlage für die einzelnen Umweltmedien ist, desto weniger verursachen UVPs zeitlichen, finanziellen oder personellen Zusatzaufwand.

Über eine solche solide, umfassende und vernetzte Datenbasis sollte im Grunde schon heute jede Stadt und jeder Kreis verfügen. In Abhängigkeit von den jeweiligen landesrechtlichen Einzelregelungen für den Gesetzesvollzug beim Immissionsschutz, beim Gewässer- und Grundwasserschutz, beim Bodenschutz (Altlastenproblematik), beim Lärmschutz, beim Landschafts-, Natur- und Artenschutz ist es zwar denkbar, daß dieser auch ohne eine solche Datenbasis ausreichend geleistet werden kann. Eine Kommune, die sich aber nicht auf das rechtlich zwingend notwendige Minimum beschränken, sondern auch ihrer weitergehenden Verantwortung für den Umweltschutz und vor allem der Umweltvorsorge gerecht werden will, kommt ohne eine gründliche Erhebung und Fortschreibung aller auf ihren Raum bezogenen umweltrelevanten Fakten und Daten nicht aus; unabhängig davon, ob diese dann nur allgemein zugänglich sind oder in der Form von Umweltberichten oder sogar aufwendig gestalteter Umweltatlanten veröffentlicht werden.

Wenn eine solche – am besten natürlich elektronisch erfaßte – Datenbank von Luft-, Klima-, Boden-, Oberflächengewässer- und Grundwasserkatastern sowie Arten-, Biotop- und Naturdenkmalkartierungen vorliegt und abgerufen werden kann, ist ein wesentlicher Teil der UVP für raumbezogene Pläne und Vorhaben schon geleistet.

### 5.2.2 Landschaftsplanung als ökologische Entwicklungsplanung

Die unter 5.2.1 genannte Datenbank ermöglicht es, bei der Fortschreibung des Flächennutzungsplanes der begleitenden Landschaftsplanung die neue Qualität einer ökologischen Entwicklungsplanung zu verschaffen, also einer Planung, die schon in diesem Stadium ökologische Entwicklungspotentiale darstellt und sichert, seien es verlorengegangene (wie zum Beispiel zugeschüttete Bachläufe oder ausgeräumte Feldgehölze) oder neu mobilisierbare. Die Umweltverträglichkeitsprüfung für die nach §8 Abs. 2 Baugesetzbuch hieraus zu entwickelnden Bebauungspläne wird dann kaum noch Zusatzerhebungen erfordern.

### 5.2.3 Personalbedarf

Wie Überprüfungen und Kontrollen jedweder Art setzen auch effiziente UVPs voraus, daß sie entweder von einer für den Prüfgegenstand nicht primär zuständigen Stelle durchgeführt oder aber zumindest begleitet werden. Inzwischen kann davon ausgegangen werden, daß sich in der Praxis die in der UVP-Diskussion schon immer ganz überwiegend vertretene Zuordnung der Federführung für UVPs zur sachlich primär zuständigen Dienststelle (also für die UVP von Bauleitplänen das Planungsamt, von Hochbaumaßnahmen das Hochbauamt usw.) durchgesetzt hat[1].

Die Funktion dieser „UVP-Leitstelle" wird in Verwaltungen mit einer für die Aufgaben des Umweltschutzes zentral zuständigen Dienststelle, also einem Umwelt(schutz)amt oder einer Umwelt(schutz)abteilung am besten von dort aus wahrgenommen. Wenn diese für den Vollzug der Umweltgesetze und die Führung der Umweltdateien sachlich und personell angemessen ausgestattet ist, wird sie auch als UVP-Leitstelle fungieren können, ohne daß allein deswegen zusätzliche Planstellen erforderlich werden. Denn jedenfalls ab einer bestimmten Größenordnung, spätestens etwa ab einer Einwohnerzahl von 100000, muß eine zentrale Organisationseinheit für den Umweltschutz und die Umweltvorsorge neben den Verwaltungskräften auch über Stellen für Umweltingenieure/-innen und -techniker/-innen sowie Fachkräfte für Natur- und Landschaftsschutz verfügen.

Schwieriger ist es, die Aufgabe einer UVP-Leitstelle in Verwaltungen ohne ein eigenes Umweltamt oder eine eigene Umweltabteilung mit umfassenden Zuständigkeiten effizient wahrzunehmen. Gelingen kann das aber durchaus einem „Umweltbeauftragten", wenn ihm entsprechende Kompetenzen und ein Minimum an eigenem „Apparat" hierfür zur Verfügung stehen.

Wie die Zuordnung der UVP-Leitstelle auch aussehen mag, wird sie überall dort, wo Umweltschutz und Umweltvorsorge jetzt schon nicht nur Angelegenheiten von „Alibi- oder Scheinfirmen" in der Verwaltung sind, in den meisten Fällen zu keinem erheblichen Mehraufwand für Personal führen. Vor dem Hintergrund dessen, was an Sach- und Personalkosten in jeder Stadt und in jedem Kreis anfällt, damit die finanzwirtschaftliche Selbstkontrolle der Verwaltung funktioniert – Stichworte: Rechnungs- und Kassenprüfungen, Haushaltsüberwachungslisten und Betriebsabrechnungen – fällt der Aufwand für die ökologische Selbstkontrolle der Verwaltung ohnehin kaum ins Gewicht.

### 5.2.4 Vorgaben und Umweltqualitätsziele

Prüfungen und Kontrollen lassen sich am rationellsten durchführen, wenn sie anhand praktikabler und eingespielter Methoden und Abläufe sowie vorgegebener Maßstäbe abgewickelt werden können. Das gilt auch für UVPs: Je konkreter und präziser die Regelungen sind, desto rationeller kann die UVP erfolgen. Dabei muß freilich auch die Gefahr perfektionistischer Regelungen gesehen und vermieden werden, die wiederum das Gegenteil bewirken können.

Für die nach der Anlage zu §3 UVPG prüfungspflichtigen Vorhaben enthält das UVPG zwar schon einiges an Vorgaben, insbesondere das Verfahren betreffend; damit ist es aber für die praktische Durchführung bei weitem noch nicht getan, weswegen §20 UVPG den Erlaß entsprechender Verwaltungsvorschriften durch die Bundesregierung vorsieht. Daß es diese Verwaltungsvorschriften zwei Jahre nach dem ebenfalls schon verspäteten Inkrafttreten des UVPG immer noch nicht gibt, wurde auf dem Freiburger UVP-Kongreß 1992 zurecht kritisiert. Bisher müssen sich die zuständigen Behörden bei den schon jetzt rechtlich zwingend durchzuführenden UVPs mit „selbstgestrickten", natürlich von Bundesland zu Bundesland unterschiedlichen, Verfahrensmustern und qualitativen Maßstäben behelfen.

Für die Verfahren und die anzuwendenden Kriterien bei freiwilligen kommunalen UVPs gibt es eine Vielzahl von zum Teil auf überörtlicher, zum Teil auf lokaler Ebene erarbeiteter Schemata, Richtlinien, Checklisten, Beurteilungskriterien usw. [vgl. 2) und 3)]. Ihre Anpassung an örtliche Besonderheiten wird in der Regel keine Schwierigkeiten bereiten. Sie können grundsätzlich auch in der Form einer dienstlichen Anweisung des Oberbürgermeisters oder des Oberstadtdirektors für die Verwaltung verbindlich gemacht werden.

## 5.3 Fazit

### 5.3.1 UVP-pflichtige Vorhaben

Eine auf entsprechenden Erfahrungen beruhende zuverlässige Einschätzung, welche Verfahrensverzögerungen sowie welche personellen und finanziellen Mehraufwendungen die UVP für Vorhaben nach der Anlage zu § 3 UVPG zur Folge haben, ist zur Zeit noch nicht möglich, da bisher nur einige UVPs dieser Art durchgeführt wurden und eine Auswertung zu der hier untersuchten Fragestellung noch nicht stattgefunden hat. Es zeichnet sich jetzt aber schon ab, daß diese UVPs die Dauer des entscheidenden Genehmigungsverfahrens zwar oftmals verlängern können, bei einer optimierten Zeit- und Ablaufplanung aber nicht, oder jedenfalls nicht erheblich, verlängern müssen.

Heute schon nehmen die für solche Vorhaben in der Bundesrepublik notwendigen Zulassungsverfahren, nämlich das Raumordnungsverfahren und das erst im Anschluß daran mögliche Genehmigungsverfahren (zum Beispiel ein Planfeststellungsverfahren) einen Zeitraum ein, in dem sich auch eine aufwendige UVP unterbringen läßt. Mit der UVP schon im Raumordnungsverfahren zu beginnen, sieht § 16 UVPG ausdrücklich vor. Das bedeutet praktisch, daß für das Scoping und die Beibringung der vollständigen Unterlagen nach den §§ 5 und 6 UVPG der ganze Zeitraum, von der Erstellung der Projektunterlagen für das Raumordnungsverfahren über dessen Durchführung bis zur Einleitung des Genehmigungsverfahrens, zur Verfügung steht, in der Regel also mindestens ein Jahr, meist sogar mehr.

Wenn die erforderlichen Untersuchungen und Erhebungen zeitlich mit der Projektierung des Vorhabens begonnen werden, können sie in jedem Fall über eine Vegetationsperiode hinweg erfolgen und rechtzeitig für das Genehmigungsverfahren abgeschlossen werden. Auch die abschließende UVP nach den §§ 9, 11, 12 und 13 UVPG im Genehmigungsverfahren braucht zu keiner oder jedenfalls zu keiner erheblich längeren Verfahrensdauer zu führen. Die Beibringung der vollständigen Unterlagen nach § 6 UVPG wird dem Vorhabensträger in den meisten Fällen nur über die Vergabe entsprechender Aufträge an potente Anbieter solcher Untersuchungsleistungen möglich sein. Das kostet Honorare, die mehrere zig Tausend DM betragen oder sogar sechsstellige Summen erreichen können; das hängt im Einzelfall auch davon ab, wie gut die Umwelt-Datenlage beim Vorhabensträger oder bei der Standortkommune schon ist. Diese Verteuerung der Planungskosten wird in der Relation zu den Kosten des Gesamtvorhabens aber immer marginal bleiben.

Es liegt auf der Hand, daß die Einbeziehung einer förmlichen Umweltverträglichkeitsprüfung in das Zulassungsverfahren bei der Zulassungsbehörde selbst einiges an Mehrarbeit und damit zusätzlichen Personalaufwand verursacht.

### 5.3.2 Freiwillige kommunale UVPs

Für die freiwillige UVP, insbesondere für solche bei der Aufstellung von Bebauungsplänen, kommt es entscheidend darauf an, ob die oben unter 5.2 behandelten Voraussetzungen für eine rationelle und effiziente UVP vorliegen.

Wenn dies der Fall ist, können Zeitverluste vermieden werden. Dies gilt auch für die Behandlung in den Gremien. Wird zum Beispiel dafür gesorgt, daß das UVP-Dokument schon zur Begutachtung des Entwurfs vor dem Auslegungs- und Billigungsbeschluß im Umweltausschuß vorliegt, können die sich aus der Behandlung in diesem Gremium ergebenden Modifikationen des Entwurfs noch bis zur Beschlußfassung im Rat eingearbeitet werden.

Die Prüfarbeit, die Rückkoppelung zur UVP-Leitstelle und vor allem die Erstellung des UVP-Dokuments, bringen eine Zusatzbelastung für die zuständigen Dienststellen und damit einen personellen Mehraufwand. Dieser wird in Einzelfällen Auswirkungen auf den Stellenplan haben müssen.

Wo die genannten Voraussetzungen nicht oder nur teilweise vorliegen, kosten qualifizierte UVPs für Bebauungspläne mindestens in der Entwurfsphase erheblich mehr Zeit und entweder eigene men-power oder das Honorar für entsprechende Aufträge nach draußen.

Für qualifizierte UVPs bei der Projektierung und Durchführung städtischer Hoch- und Tiefbaumaßnahmen gilt ähnliches:

Je umfassender und praxiserprobter die anzuwendenden Richtlinien für die UVP bei Baumaßnahmen sind, je besser die abrufbare Datenlage für Veränderungen zum Beispiel im Verkehrsnetz ist, desto geringer ist der zusätzliche zeitliche personelle und/oder finanzielle Aufwand für die UVP des Einzelprojekts. In vielen Fällen dieser Art wird es sich anbieten, vorhandene UVP-Richtlinien in eine leicht handhabbare Formularfassung bringen, die der die Hochbau- oder Tiefbaumaßnahme betreuende Bauingenieur mit kurzen Angaben und Auskünften in relativ kurzer Zeit selbst ausfüllen und der UVP-Leitstelle vorlegen kann. Wichtig ist es hier allerdings dann noch, bei der jeweiligen Bauausführung durch die beauftragten Firmen für die strikte Einhaltung der Auflagen aus der UVP mit entsprechenden Kontrollen zu sorgen.

Die hier mitgeteilten Erkenntnisse und Einschätzungen rechtfertigen die Feststellung, daß Zeitverluste durch UVPs weitestgehend vermieden und die finanziellen und personellen Mehraufwendungen jedenfalls unter bestimmten Voraussetzungen in vertretbaren Grenzen gehalten werden können. Wo der politische Wille für die ökologische Selbstkontrolle in der Form von freiwilligen kommunalen UVPs vorhanden ist, lassen sie sich auch bewerkstelligen. Freilich muß ein solches neues Instrumentarium in vielen Fällen erst geduldig erprobt und eingeübt werden. Gewohnte Abläufe zu verändern, ist nicht die Stärke von Behörden. Die Kommunalpolitiker sollten allerdings ihre Verwaltungen auch nicht für unflexibler halten, als sie es sind.

## 5.4 Literatur


1) **Jacoby, Christian**: Stand der UVP-Einführung – Analyse und Kritik kommunaler UVP-Modelle, in: Umweltverträglichkeitsprüfungen in der Kommunalverwaltung (Hrsg. K.-O. Zimmermann, 1990, 114 ff.).

2) **Hessische Landesanstalt für Umwelt:** Kommunale UVP unter besonderer Berücksichtigung der Situation in Hessen, Wiesbaden, 1991.

3) **Zimmermann, K.-O. u.a.**: Kommunale Umweltverträglichkeitsprüfung (UVP), Stuttgart, 1988.

# 6. Zehn Thesen zur Glaubwürdigkeit von UVP-Gutachten

**Joachim Schemel**

Der UVP droht eine Glaubwürdigkeitskrise, wenn es nicht gelingt, ihren Kernanspruch zu erfüllen: die Umweltauswirkungen des geprüften Vorhabens sachgerecht aufzuzeigen und nachvollziehbar zu bewerten, um daraus eine im öffentlichen Diskurs überprüfbare Aussage zur Umwelt(un)verträglichkeit ableiten zu können. Eine Schlüsselstellung nimmt hier das UVP-Gutachten (UVS) ein. Die Schwierigkeiten beginnen bereits damit, daß laut §6 UVPG die Vorlage der „entscheidungserheblichen Unterlagen über die Umweltauswirkungen des Vorhabens" (UVS) in der Verantwortung des Projektträgers liegt. Ist bereits dadurch der Anspruch auf Neutralität des Gutachtens in Frage gestellt? Dies ist nur ein Beispiel dafür, daß sich der Gutachter über seine schwierige Rolle klar werden muß, wenn er seine Aufgabe sachgerecht (und nicht bedarfsgerecht) erfüllen will. Unglaubwürdig ist eine UVS, die der Verschleierung bzw. Legitimation problematischer oder gar unvertretbarer Eingriffe in die Umwelt Vorschub leistet. Die UVP (und mit ihr die UVS) ist viel zu wichtig als (möglicher) Baustein einer effektiven Umweltvorsorge, als das sie mißbraucht werden dürfte. Die UVS verdient es daher, daß große Aufmerksamkeit auf ihre Handhabung gelegt und vor Fehlentwicklungen rechtzeitig gewarnt wird.

Es geht im folgenden um bestimmte grundsätzliche Entscheidungen, vor die sich jeder UVP-Gutachter früher oder später gestellt sieht, unabhängig davon, welchen Projekttyp er gerade begutachtet. Diese Entscheidungen beeinflussen zwar die Ausgestaltung der Methode, sie sind dieser jedoch vorgelagert, also von grundsätzlicher Art. Es kommt dabei nicht darauf an, ob als Methode die Nutzwertanalyse, die sogenannte Risikoanalyse, das Entscheidungsbaumverfahren, die ökologische Flächenbilanz oder sonst eine Ausprägung der ökologischen Wirkungsanalyse und -bewertung verwendet wird, sondern es kommt darauf an, ob **im Rahmen** dieser Methoden-Typen bestimmte Grundsätze beachtet, bestimmte Weichen so oder so gestellt werden. Die im folgenden zur Diskussion gestellten Gesichtspunkte sind wichtig, weil sie ganz erheblichen Einfluß ausüben auf das Ergebnis der Begutachtung, auf das Rollenverständnis des Gutachters und insgesamt auf die Glaubwürdigkeit einer UVS im Rahmen einer UVP.

Die folgenden Ausführungen werden vor dem Hintergrund von Erfahrungen bei der UVP-Begutachtung verschiedenster Projekttypen gemacht, von Sport- und Freizeitanlagen über Straßen bis hin zu Wohn- und Gewerbegebieten.

## 6.1 Absolute und relative Umweltverträglichkeit

In manchen Veröffentlichungen wird der angeblich „mißglückte, weil mißverständliche“ Ausdruck Umweltverträglichkeitsprüfung kritisiert mit dem Hinweis, die korrekte Übertragung des US-amerikanischen Terminus „Environmental Impact Assessment“ müßte eigentlich heißen: Einschätzung der Umweltauswirkungen oder Umweltfolgenabschätzung. Wie auch immer der Begriff „Umweltverträglichkeitsprüfung“ entstanden sein mag: er kennzeichnet ein der wörtlichen Übersetzung weit überlegenes UVP-Verständnis. Denn in dem Wort „Verträglichkeit“ steckt der unausweichliche Anspruch, sich mit der Frage auseinanderzusetzen, welche Veränderungen der Umweltsituation der Gutachter bzw. die Behörde als verträglich oder unverträglich betrachtet. Diesen Zwang zur unbequemen Klarheit ist sehr heilsam, denn er macht die naheliegende Flucht in die Unverbindlichkeit reiner, d.h. unbewerteter Sachaussagen unmöglich. Aber es gibt leider auch noch eine andere, elegantere Art, sich um die abschließend wertende Aussage über die Umweltverträglichkeit des begutachteten Vorhabens herumzumogeln: Die Flucht in die **relative** Aussage. Man begnügt sich, verschiedene Projektalternativen lediglich untereinander zu vergleichen und die aus Umweltsicht relativ günstigste auszuwählen. Für den an der Realisierung eines bestimmten Vorhabens an bestimmtem Standort interessierten Investor bedeutet das (um es boshaft auszudrücken): er muß seinem Vorhaben eine oder mehrere sehr umweltbelastende Alternativen zur Seite stellen, um sicher sein zu können, daß sein Vorhaben als das noch am wenigsten schlimme, das Prädikat „umweltverträglich“ erhält. Damit wird das Instrument der UVP unglaubwürdig.

**These I:**

Jedes projektbezogene UVP-Gutachten (UVS) muß zu einer Aussage über die absolute Umweltverträglich (bzw. -unverträglichkeit) kommen im Sinne einer Ja-Nein-Entscheidung. Dabei kann das „Ja" durchaus an klar definierte Bedingungen geknüpft sein.

Daß mit dieser These wichtige Konsequenzen hinsichtlich der eindeutigen Formulierung von Maßstäben verbunden sind, sei hier nur angedeutet, weil darauf in der dritten These eingegangen wird.

## 6.2 Die Bewertungskompetenz des Gutachters im Verhältnis zur zuständigen Behörde

Der Gutachter ist nicht nur Faktensammler, und er analysiert nicht nur, sondern er bewertet auch. Bei dieser Bewertung verknüpft er Sachverhalte mit Werturteilen, indem er z.B. bestehende oder prognostizierte Umweltqualitäten auf einer Skala anordnet und damit zum Ausdruck bringt, ob und in welchem Maße ein bestimmter Zustand unbedenklich oder problematisch ist.

Bekanntlich gibt es sehr viele verschiedene Ansichten über die wünschenswerte Umweltqualität, insbesondere, wenn von der gewünschten Umweltqualität wirtschaftliche Interessen tangiert sind (vielleicht sogar die Realisierbarkeit eines bestimmten Vorhabens). Das Votum des Gutachters kann nicht das letzte Wort sein. Denn der Gutachter hat keinerlei Legitimation, **end**gültige Werturteile zu fällen, die sich auf andere Menschen positiv oder negativ auswirken. Der Gutachter muß sich daher bei seinen Bewertungen auf Gesetze und Verordnungen beziehen. Sofern diese keine exakt quantifizierten und fachlich anerkannten Werte für eine unbedenkliche Umweltsituation vorgeben (Vorsorgestandards), muß der Gutachter allgemeinere gesetzliche Aussagen interpretieren, wie es z.B. im Zusammenhang mit den Schutzgütern des Bundesnaturschutzgesetzes regelmäßig der Fall ist. Interpretiert wird nach dem Schema: Wenn ihr dieses oder jenes allgemeine Ziel anstrebt, dann müssen diese und jene konkreten Ziele erfüllt werden. Dabei gibt es diskutierbare Interpretationsspielräume.

Die durch Interpretation von relativ allgemein gehaltenen Zielen abgeleiteten konkreten Wertaussagen haben einen **vorläufigen** Charakter. Sie müssen durch die verantwortliche Behörde bestätigt werden, die die abschließende Bewertung vornimmt.

Der Gutachter hat also die Aufgabe, für jedermann nachvollziehbar, unter Hinweis auf gesetzliche Zielaussagen, plausible Bewertungen vorzunehmen. Die Vorläufigkeit der Bewertungen bedeutet nicht etwa, daß deshalb die vom Gutachter getroffenen Wertaussagen beliebig und leicht vom Tisch zu fegen sind. Gerade weil sie nicht die Autorität politischer Legitimation „im Rücken" haben, können sie sich nur auf sachliche Begründungen stützen, müssen also besondere Sorgfalt auf den Nachweis der Plausibilität legen.

Der Vertreter der zuständigen Behörde dagegen ist als Sachwalter des Gemeinwohls und offizieller Vertreter der herrschenden politischen Meinung immer auch gehalten, die Nicht-Umweltbelange in seine Wertungen bzw. Entscheidungen einzubeziehen, d.h. er muß Umweltaspekte nicht nur untereinander, sondern zugleich gegen konträre Interessen abwägen. Die Sachbearbeiter und sonstigen Vertreter der kommunalen und staatlichen Umwelt- und Planungsbürokratie sind zwar fachlich in aller Regel sehr kompetent, jedoch weisungsgebunden. Sie dürfen kaum **gegen** die Politik ihres Hauses eine Bewertung in der Öffentlichkeit vertreten. Darüber hinaus sind sie meist mit so vielen Kontroll- und sonstigen Aufgaben überlastet, daß ihnen kaum Zeit bleibt, um in angemessener Gründlichkeit interdisziplinär zu recherchieren, zu diskutieren und schließlich ausführliche Berichte zu formulieren.

**These II:**

Auch wenn die gutachterlichen Bewertungen auf der Basis von Sachkenntnis und orientiert an anerkannten allgemeinen Umweltzielen nur vorläufig sein können, besitzen sie doch Sachautorität in dem Maße, wie sie plausibel begründet sind. Es entsteht dadurch keine Konkurrenz zur endgültigen Bewertung durch die zuständige Behörde, sondern eine Arbeitsteilung, mit deren Hilfe eine offene und sachgemäße Auseinandersetzung mit dem Pro und Contra begünstigt oder gar erst möglich gemacht wird.

## 6.3 Die Bewertungsmaßstäbe

Bewertungen der Umweltverträglichkeit können sich vor allem an folgenden Maßstäben orientieren (wenn die Maßstäbe nicht eingehalten werden, ist das Vorhaben nicht umweltverträglich):

a) Status-quo: Die Umweltqualität darf sich insgesamt nicht verschlechtern, d. h. jede ökologische Abwertung ist gleichartig oder gleichwertig zu kompensieren, sofern sie kompensierbar ist.

b) Minimierungsgebot: Der Stand des Wissens bzw. der Technik ist voll anzuwenden, um Umweltschäden so gering wie möglich zu halten (dieser Maßstab ist vor allem bei der Beurteilung von Schadstoffemissionen anzuwenden, auch z. B. bei der Bewältigung von Verkehrsproblemen im Siedlungsgebiet).

c) Einhaltung von Grenzwerten (z. B. hinsichtlich Schadstoffen und Lärm): Exakt quantifizierte Mindestqualitäten bestimmter Umweltmedien oder exakt definierte Emissions-Standards dürfen nicht verletzt werden. Grenzwerte markieren bekanntlich nur den gerade noch unter gesundheitlichen Aspekten erträglichen Grad der Umweltqualität und sind bereits Ausdruck politischer Kompromisse, in die neben den Umweltaspekten auch sozioökonomische Gesichtspunkte eingeflossen sind. Nur ein kleiner Teil der insgesamt zu prüfenden Umweltqualitäten wird durch verbindliche Grenzwerte abgedeckt. Abgesehen von ihrer Funktion als einzuhaltende Mindestqualität sind gesetzlich (bzw. in Verordnungen und Richtlinien) niedergelegte Grenzwerte in jedem Fall hilfreich, um sich bei der Bewertung einer mehr oder weniger belasteten Umweltsituation daran zu orientieren. Immer ist es notwendig, auch solche Belastungen (abgestuft nach Intensitäten) darzustellen, die **unterhalb** des „gültigen“ Grenzwertes liegen (z. B. als Vorsorgestandards bezeichnet werden können).

d) Einhaltung von Schutzzwecken oder konkreten Qualitätszielen für bestimmte Gebiete: In Schutzgebieten bzw. Vorranggebieten mit hinreichend konkreten Zielaussagen dürfen keine Veränderungen vorgenommen werden, die diesen Normen widersprechen. Zusätzlich muß in Vorrangräumen des Naturschutzes das ökologische Entwicklungspotential berücksichtigt werden.

Wie im Zusammenhang mit der These I ausgeführt, muß die Frage nach der Umweltverträglichkeit mit „ja“ oder „nein“ beantwortet werden.

Maßstab ist zumindest, ob sich die Umweltqualität insgesamt verbessert oder verschlechtert. Ein Projekt, das die Umweltqualität insgesamt verschlechtert, kann nicht als umweltverträglich bezeichnet werden. Das Wörtchen „insgesamt" macht deutlich, daß die Bilanzierung von Umwelt**be**lastungen und Umwelt**ent**lastungen (Aufwertungen) eine zentrale Rolle spielt, speziell die Frage der Kompensation von unvermeidbaren Umweltbelastungen. Der UVP-Gutachter muß fachlich plausibel aufzeigen und begründen, ob und inwiefern die Minderung bestimmter Umweltqualitäten durch Aufwertung oder Neuschaffung gleichartiger oder andersartiger Umweltqualitäten an anderer Stelle kompensiert werden kann.

Im Falle der Nicht-Kompensierbarkeit einer erheblichen Umweltbelastung liegt ein „Tabu"- oder „Vetokriterium" vor, d. h. in einem solchen Fall kann das Vorhaben nicht umweltverträglich sein, man denke z. B. an bestimmte Biotoptypen, die innerhalb absehbarer Zeiträume nicht gleichwertig wiederherstellbar sind.

Es kann immer wieder beobachtet werden, daß auch höchstwertige Umweltqualitäten durch ein Vorhaben verloren zu gehen drohen, ohne daß im UVP-Gutachten daraus die Schlußfolgerung der Umweltunverträglichkeit gezogen wird. Das passiert meist dort, wo man sich mit Aussagen zur **relativen** Umweltverträglichkeit begnügt, also dem sogenannten geringeren Übel die Umweltverträglichkeit attestiert. Aber auch bei absoluten Aussagen entsteht eine gewisse Beliebigkeit, wenn Unklarheit und Uneinigkeit hinsichtlich der Tabu-Qualitäten herrschen.

**These III:**

Ein Vorhaben kann dann nicht als umweltverträglich bezeichnet werden, wenn bestimmte nicht-kompensierbare Umweltqualitäten durch das Vorhaben verlorengehen. Es müssen mehr Anstrengungen unternommen werden, solche Tabusachverhalte oder Vetokriterien zu definieren und darüber einen breiten fachlichen Konsens herzustellen.

## 6.4 Die Neutralität des UVP-Gutachters

Diese Neutralität ist besonders wichtig, jedoch leider keineswegs selbstverständlich. „Neutralität" heißt: der Gutachter läßt sich allein von der Sache leiten und weder vom Projektträger noch von den Projektkritikern in seinen Aussagen beeinflussen. Der Gutachter muß nach beiden Seiten offen sein, um alle Informationen und Argumente aufzunehmen.

Die Eigenschaft der Neutralität, der Unabhängigkeit und der Unparteilichkeit des Gutachters ist unabdingbar, weil sonst das Instrument UVP in Mißkredit gerät. Gerade weil es immer auch um Bewertungen geht, muß sich der Gutachter um das Vertrauen auch der Projektgegner bemühen. Voraussetzung ist die klare Benennung der Methode und der verwendeten Maßstäbe. Das Gutachten muß möglichst schon während seines Entstehens, spätestens nach Fertigstellung allgemein verfügbar sein, damit es von allen Seiten kritisch unter die Lupe genommen werden kann.

Anders als der Rechtsanwalt, der ganz bewußt und ausdrücklich nur Argumente aus der Sicht seines Klienten aufbereitet, darf sich der Umweltgutachter nicht auf **eine** Sichtweise festlegen, sondern muß unvoreingenommen das Pro und Contra prüfen. Eine große Gefahr besteht dann, wenn ein UVP-Gutachterbüro verantwortlich ist für die Planung des von ihm geprüften Projekts. Hier entstehen Interessenkollisionen, die ein Vertrauen der Öffentlichkeit in die Gutacherneutralität unmöglich machen. Denn bei jedem UVP-Gutachten muß auch mit dem Ergebnis der Umwelt**un**verträglichkeit gerechnet werden.

Der UVP-Gutachter darf nicht Nutzen daraus ziehen, daß ein Projekt aufgrund seiner Umweltverträglichkeit realisiert wird. Ein Korruptionsverdacht wäre andernfalls unvermeidlich.

**These IV:**

Die Neutralität des UVP-Gutachters ist ein sehr hohes Gut, von dem vor allem die Glaubwürdigkeit des Instruments UVP in der Öffentlichkeit abhängt. Die Neutralität ist unvereinbar mit der Identität von Projektplaner- und UVP-Gutachter-Büro. Zur Neutralität gehört auch die Offenlegung des Gutachtens.

## 6.5 Die sogenannte „Gutachterfalle“

Die Qualität eines Gutachtens steigt nicht mit der Menge der erhobenen und verarbeiteten Informationen. Vielmehr kommt es darauf an, welche

Aspekte entscheidungsrelevant sind, also das „Ob", „Wo" und „Wie" des Vorhabens. Es kommt darauf an, die wirklich wichtigen Argumente differenziert und vertieft mit Fakten und Bewertungen zu behandeln und dafür die weniger wichtigen, für die Entscheidung unerheblichen Gesichtspunkte entsprechend oberflächlich abzuarbeiten. Welche Aspekte erheblich und welche von eher marginaler Bedeutung sind, richtet sich nach dem Vorhaben und den Besonderheiten des Standortes. Manche Unterscheidung von wichtig und unwichtig ist schon im Rahmen des „scoping", manche erst während der Bearbeitung zu treffen.

In die sogenannte „Gutachterfalle" tappen die Bearbeiter einer UVS dann, wenn sie diese Unterscheidung nicht treffen und versäumen, Schwerpunkte zu setzen, stattdessen nach Vollständigkeit trachten in dem Sinne, daß alle nur denkbaren Gesichtspunkte mit einer Fülle von Fakten und Kriterien bearbeitet werden. Ein so entstandenes Gutachten dient nicht der Entscheidungsvorbereitung, sondern verwirrt nur den Leser, versteckt das Wichtige unter der Fülle des Unwichtigen. Nicht alle verfügbaren Informationen sollen zusammengestellt und ausgewertet werden, sondern stattdessen muß bei der Unterscheidung von wichtig und unwichtig Denkarbeit geleistet werden.

**These V:**

Nicht auf die Menge der verarbeiteten Informationen kommt es an, sondern auf die problemadäquate Schwerpunktsetzung. Nur so läßt sich bei gegebenem Zeit-Kosten-Rahmen die gebührende Sorgfalt auf die Analyse und Bewertung der wirklich schwerwiegend berührten Umweltbelange richten. Datenmassen ohne Entscheidungsrelevanz lenken vom Wesentlichen ab.

## 6.6 Projektalternativen

Gehört es zu den unabdingbaren Notwendigkeiten einer UVP, sich mit Vorhabenalternativen auseinanderzusetzen? Diese Meinung wird vielfach vertreten. Bei näherem Hinsehen sind jedoch Zweifel angebracht, zumindest dann, wenn die Prüfung von Alternativen in jedem Fall als ein Muß bezeichnet wird. Sinnvoll ist die Prüfung von Alternativen immer dann, wenn auf diesem Wege vermeidbare Umweltbelastungen wegfallen können (Minimierungsgebot). Jedoch zwingend ist allein der Vergleich mit der sogenannten „Null-Variante“.

Wenn keine Projektalternative bzw. kein alternativer Standort zur Diskussion steht, dann setzt sich der Projektträger mehr als sonst dem Risiko aus, daß sein Vorhaben als nicht umweltverträglich bezeichnet werden muß. Das ist dann der Fall, wenn sich die Umweltqualität in bestimmter Beziehung erheblich verschlechtert, ohne daß angemessene Kompensation möglich ist. Somit liegt die Vorlage von Alternativen im Interesse des Vorhabenträgers.

Es sollte allerdings in jedem Fall angestrebt werden, auch sinnvolle Alternativen miteinander unter Umweltgesichtspunkten zu vergleichen. Vielfach sind nur auf diesem Wege bestimmte Umweltbelastungen überhaupt vermeidbar, z.B. bei Straßenbauvorhaben (Vermeidungs- und Minimierungsgebot). Die Frage, welche Projektalternativen zu prüfen sind, ist eine klassische Aufgabe im Rahmen des „scoping“ unter Einbeziehung von Umwelt-Behörde und Projektkritikern. Man sollte jedoch das Vorliegen von Alternativen nicht zu einem Dogma machen.

**These VI:**

Auch wenn keine sinnvollen Projektalternativen zur Diskussion stehen, kann eine UVS ohne inhaltliche Abstriche durchgeführt werden. Zwingend ist in jedem Fall der Vergleich des Vorhabens mit dem Status-quo ohne Vorhaben.

## 6.7 Offenlegung und Transparenz von UVP-Gutachten

Die Tendenz ist unverkennbar, daß UVP-Gutachten vom Expertenbüro nur für den Auftrageber – sprich in der Regel für den Projektträger – erstellt werden und dann möglichst als Geheimdokument gehandelt werden: vor allem dann, wenn das Gutachten negativ ausgefallen ist oder harte Bedingungen für die Umweltverträglichkeit formuliert sind. Wenn diese Tendenz einreißt, dann ist ein Kernanliegen der UVP-Idee in Frage gestellt: die Funktion der UVP als Plattform einer offenen Auseinandersetzung über das Pro und Contra des geplanten Vorhabens.

Wenn es an der notwendigen Offenheit und Transparenz der Begutachtung mangelt, dann werden die Betroffenen zu Recht mißtrauisch. Fast jedes Vorhaben, das einer UVP unterzogen wird, steht im Kreuzfeuer von Kritikern und Befürwortern. Es kursieren dann viele Argumente, die mit Hilfe der UVS auf ihre Konsistenz überprüft werden können. Bei diesen Argumenten gehen meist Sachzusammenhänge und Werturteile kreuz und quer. Hier kann der Gutachter die Aufgabe erfüllen, die Diskussion in sachliche Bahnen zu lenken, das heißt behauptete Sachverhalte auf ihre Richtigkeit und Werturteile auf ihre Plausibilität hin abzuklopfen.

Folgender Grund spricht zwingend für Offenlegung und Transparenz: Der Umweltgutachter ist (wie in der zweiten These ausgeführt wurde) nur befugt, **vorläufige** Bewertungen vorzunehmen. Denn Bewertungen haben immer einen subjektiv-politischen Charakter, hängen also davon ab, welche Umweltqualität in einer bestimmten Situation gewollt wird im Verhältnis zu anderen Handlungsmöglichkeiten. Daher bauen Bewertungen stets auf Prämissen (d. h. auf bestimmten konkreten Zielfestlegungen) auf, und diese Prämissen sind prinzipiell diskutierbar. Es darf nicht der Anschein erweckt werden, als gäbe es sachnotwendige Bewertungen. Es gibt immer nur mehr oder weniger gute Gründe für die eine oder andere Bewertung.

Der politisch verantwortliche Entscheidungsträger darf sich nicht herausstehlen können aus seiner Verantwortung für die Ziele, deren Ausdruck die Bewertungen sind. Es ist allzu bequem, den Gutachter vorzuschieben nach dem Motto: der Experte hat so befunden, also muß es richtig sein. Leider lassen sich Experten immer wieder zu solchen Rollenverschiebungen mißbrauchen. Es wird der Anschein wissenschaftlicher „Beweisführung“ erweckt, indem Bewertungsschritte so in einer Methodik versteckt werden, daß der interessierte Laie nicht mehr die Sachebene von der Werturteilsebene unterscheiden kann. In so mancher Methode wird großer Wert auf exakte Quantifizierung bestimmter Sachverhalte gelegt. Aber das dahinter stehende Argument (das immer auch von Wertungen ausgeht) wird oft nicht entsprechend herausgearbeitet und begründet. Große Zahlenwerke mögen manchen Laien beeindrucken, jedoch kommt es auf ihre wertende Interpretation an und darauf, ob die dabei ins Spiel gebrachten Ziele bzw. Bewertungsschritte als diskutierbar erkannt werden können oder ob das Zahlenwerk den Eindruck einer „Black Box“ macht.

Die UVP darf nicht zum Instrument von Expertenherrschaft verkommen. Im übrigen ist diese Expertenherrschaft nur eine vorgetäuschte, hinter der sich die Herrschaft bestimmter Interessen verbirgt. Denn der Projektträger läßt sich nie von der vorgetäuschten Expertenherrschaft blenden, sondern er benutzt sie für seine Zwecke.

**These VII:**

Transparenz und Offenheit sind notwendig, weil sie sich methodisch zwingend aus dem Umstand ergeben, daß Bewertungen nicht kausalanalytisch aus Sachverhalten ableitbar sind, sondern von konkreten Zielaussagen abhängen. Diese sind prinzipiell diskutierbar. Bei Bewertungen kann sich kein Experte, Behördenvertreter oder Entscheidungsträger hinter Sachlogik, auch nicht hinter irgendeine „höhere Kompetenz" zurückziehen.

## 6.8 Die Fixierung des methodischen Vorgehens

Kann das Ergebnis eines UVP-Gutachtens unabhängig von den Gutachtern sein? Nur im Hinblick auf **Sach**aussagen, die nach dem Stand des Wissens kausalanalytisch abzuleiten sind (also nur richtig oder falsch, vollständig oder unvollständig sein können), werden Ergebnisse **un**abhängig vom Gutachter gefunden. **Bewertungen** jedoch beinhalten Umwelt-Zielinterpretationen in der konkreten Entscheidungssituation. Die Bewertungen sind nicht etwa willkürlich, aber sie sind Ausdruck dessen, was in der jeweiligen Situation als gewollte Umweltqualität unterstellt wird bzw. als wie problematisch ein Abweichen davon angesehen wird.

Nur wenn Grenzwerte oder sonstige allgemein anerkannte Schwellen als Maßstäbe der Bewertung herangezogen werden, nur wenn eine standardisierte Methode für alle verschiedenen Fälle gültig ist, nur wenn die gleichen Kriterien in gleicher Weise gewichtet und verknüpft sind, können Ergebnisse **un**abhängig vom Gutachter erwartet werden. Aber eine solche Vereinheitlichung würde den komplexen Aspekten der Umweltqualität nur sehr eingeschränkt (wenn überhaupt) gerecht werden können.

Allenfalls dort, wo es um die Gesundheitsgefährdung durch Schadstoffe in Luft, Wasser und Boden geht, können einheitlich gültige Schwellen

(Vorsorgewerte) sinnvoll herangezogen werden, nicht jedoch dort, wo es um ökologische Wirkungszusammenhänge und um Belastungen solcher Umweltmedien geht, deren anzustrebendes Qualitätsniveau von den lokalen Besonderheiten abhängt.

Beispiel: Die Beseitigung einer Gehölzgruppe ist im Raum A als Eingriff problematischer als im Raum B. Welche naturnahen Flächen von welcher Qualität und Ausdehnung anzustreben bzw. unbedingt zu bewahren sind, welche Wasserqualität mindestens zu halten ist, welche Veränderung der Lärmwerte oder der Flächenversiegelung noch tolerierbar oder bereits als erhebliche Belastungen einzustufen sind, hängt von der jeweiligen Raumsituation ab, d.h. davon, ob bereits erhebliche Vorbelastungen (z.B. in „ausgeräumten" oder verstädtertem Umfeld) oder noch weitgehend „unbeschädigte" Umweltqualitäten vorliegen. Standardisierte Bewertungen **un**abhängig von der ökologischen Ausgangssituation würden voraussetzen, daß überall gleiche Umweltqualitäten anzustreben sind (also etwa in der Stadt, am Stadtrand und in der Landschaft z.B. gleicher Versiegelungsgrad, gleiche Lärmbelastung). Eine solche Gleichverteilung aller Umweltbelastungen im Raum kann nicht Ziel der Umweltpolitik sein.

Sobald also die gewollte Umweltqualität räumlich variiert, spielen Werturteile (und die Auseinandersetzung um sie in der konkreten Situation) bei der Ergebnisfindung eine wichtige Rolle, und hier kann der Gutachter seine Bewertungen nur vorläufig setzen, d.h. auch das Ergebnis kann kein endgültiges und unanfechtbares sein.

Freilich bedeutet diese gegenüber Standardisierungen skeptische Haltung, daß auch die großartigen Computerprogramme mit eingebauten Kriterien, Verknüpfungen und Bewertungen sehr kritisch zu befragen sind. Wollen diese Programme die Besonderheiten der konkreten Entscheidungssituation im Interesse leichterer maschineller Handhabbarkeit nivellieren? Damit dies nicht geschieht, ist jedesmal zu prüfen, ob sich die Individualität des konkreten Untersuchungsfalls im computergestützen UVP-Gutachten hinreichend niedergeschlagen hat.

**These VIII:**

Es gibt nicht die Standardmethode, nicht das „UVP-Gutachten von der Stange" mit überall gleichermaßen zutreffenden Kriterien und Wertsetzungen. Vielmehr muß die Bewertung die Individualität des konkreten Untersuchungsfalls berücksichtigen, also auch variierende Ansprüche an die Umweltqualität. Die so entstehenden Ergebnisse sind nicht endgültig, sondern diskutierbar. Sie spiegeln die in der konkreten Situation plausiblen Zielinterpretationen wider.

## 6.9 Sekundäreffekte

Unter Sekundäreffekten werden hier solche Projektauswirkungen auf die Umwelt verstanden, die nicht am Standort selbst wirksam werden, sondern **außerhalb** davon über Aktivitäten, die in ursächlichem Zusammenhang mit dem geprüften Projekt stehen. Zu den Sekundäreffekten zählen z. B. die durch ein neues Gewerbegebiet hervorgerufenen Verkehrsbewegungen oder neu auszuweisende Wohnflächen.

**These IX:**

Verstärkt sollten **Sekundär**effekte im Rahmen von UVP-Gutachten berücksichtigt werden. Von ihnen kann die Umweltverträglichkeit unter Umständen mehr noch als von Primäreffekten abhängen.

## 6.10 Öffentlichkeitsbeteiligung

Ist sie notwendiges Übel oder methodische Notwendigkeit? Es soll hier nicht auf die Form der Bürgerbeteiligung abgehoben werden, sondern lediglich darauf, daß jeder interessierte Bürger die Gelegenheit erhält, alle Aussagen des Gutachters zu prüfen, ebenso die Informationen und Bewertungsschritte, auf denen die Aussagen fußen. Jeder interessierte Bürger muß auch die Gelegenheit erhalten, seine Meinung, seine ihm bekannten Informationen einzubringen.

Die Umweltthematik ist so komplex, daß sie von keinem einzelnen Umweltgutachter überall fundiert beherrscht werden kann. Daher werden immer Teams einzusetzen sein, um eine UVS zu erstellen. Jeder Umweltexperte ist in mehreren Umweltbereichen also selbst Laie. Auch er ist angewiesen auf eine verständliche Darstellung im Gutachten, ebenso wie der Laie außerhalb des Gutachterteams.

Die besondere Qualität eines UVP-Gutachters liegt darin, die unterschiedlichen Fachdisziplinen und Fachperspektiven zusammenzuführen zu einem Ganzen, das in sich konsistent ist. Die dafür notwendigen Diskussionen im Bearbeiterteam sind ein Spiegel für die Diskussionen, die mit Außenstehenden geführt werden: mit dem Projektträger, mit Behördenvertretern, mit der enggagierten, interessierten Öffentlichkeit.

Die Fachleute zeichnen sich zwar durch besondere **Sach**kompetenz aus, **nicht** jedoch durch eine besondere Kompetenz, **Bewertungen** vorzunehmen. Daraus resultiert die Vorläufigkeit und Diskutierbarkeit der gutachterlichen Wertsetzungen. Die kritische Öffentlichkeit ist sehr wichtig für die Qualität und Sorgfalt der UVP-Begutachtung. Die Notwendigkeit, sich gegenüber Befürwortern und Gegnern eines Vorhabens in offenem Diskurs abzusichern, d.h. gute Gründe zu finden und zu belegen, bewahrt vor der Gefahr von Alibigutachten.

**These X:**

Die Einbeziehung der kritischen Öffentlichkeit in den fachlichen Diskussionsprozeß bzw. die Auseinandersetzung mit ihren Argumenten sowie die öffentliche Verteidigung gutachterlicher Aussagen sind wichtige Faktoren zur Sicherung hoher fachlicher Qualität von UVP-Gutachten bzw. zur Verhinderung von Alibigutachten.

Mit diesen zehn Thesen soll eine breitere Diskussion angeregt werden, die sicherlich notwendig ist, um die UVP-Begutachtung vor einer Glaubwürdigkeitskrise zu bewahren und beginnende Fehlentwicklungen durch Wachsamkeit zu korrigieren.

# 7. Wann ist eine Umgehungsstraße umweltverträglich?

**Burghard Rauschelbach**

*„Auch der Mensch gehört zur Umwelt – Baut endlich die Umgehungsstraße!", „Lärm und Gestank machen uns krank", „Ohne Natur stirbt der Mensch", „Umgehungsstraße ja – aber so nicht!", „Tunnel statt Umgehung", „Umgehung löst Not", „Stoppt Autowahn".*

(Wandschriften)

## 7.1 Ist die UVP ein Konfliktlösungsinstrument?

Über den Verkehr wird häufig und intensiv gestritten, da er fast alle Lebensbereiche des Menschen betrifft. Die dauernden Konflikte zwischen den verschiedenen raumbezogenen Funktionen des Straßenraums und des Freiraums stellen hohe Anforderungen an Verkehrsplanung und Straßenbau. Eine Umweltverträglichkeitsprüfung (UVP) in der Verkehrsplanung sollte sich immer auch als Beitrag zur Konfliktlösung verstehen. Die Erwartungen an ihre Konfliktlösungskompetenz sind hoch, insbesondere wo die Planung, wie im Falle des Straßenneubaus oder von Verkehrsnetzänderungen, konkret wird und auf Widerstände und mehr oder weniger vereinbare Forderungen stößt. Die Umweltverträglichkeitsuntersuchung (UVU bzw. UVS, Umweltverträglichkeitsstudie) als inhaltliches Kernstück der UVP spielt hier eine wichtige Rolle, weil sie – obwohl ursprünglich nicht beabsichtigt – eine gewisse Mittlerfunktion zwischen Betroffenen und Behörden wahrnimmt.

Das eigentliche Ziel der UVP wie auch der UVU ist es allerdings, herauszufinden, ob und inwieweit ein Vorhaben „sich mit der Umwelt verträgt", d.h. Anforderungen an die Umweltqualität erfüllt. Dahinter steht der Anspruch, die ökologischen Folgen (Auswirkungen auf die Umwelt) eines Vorhabens nicht nur zu erfassen, sondern auch zu bewerten. Letztlich wird von ihr erwartet, daß sie Planungsfälle und deren Varianten objektiv ökologisch bilanziert, um zu einer optimalen Lösung zu kommen. Diese Lösung könnte man dann „umweltverträglich" nennen. Doch bei der Verwendung des Begriffs entsteht Unbehagen, das auf Unsicherheiten und Dilemmas hinweist, in denen sich die UVP bzw. UVU befindet.

Bezeichnenderweise heißt es in der Begriffserläuterung des „Merkblatts zur Umweltverträglichkeitsstudie in der Straßenplanung"[1]:

*„Ein Straßenbauvorhaben gilt als umweltverträglich, wenn das Vermeidungs- und das Ausgleichsgebot erfüllt sind, d.h. wenn die mit dem Vorhaben verbundenen Beeinträchtigungen der Umwelt auf das unbedingt notwendige Maß reduziert wurden und ausgeglichen werden. Die Forderung, daß ein umweltfreundliches Straßenbauvorhaben insgesamt betrachtet eine Verbesserung der Umweltqualität zur Folgen haben soll, d.h. daß die mit dem Vorhaben verbundenen Beeinträchtigungen der Umwelt geringer gewertet werden als die Umweltentlastungseffekte, ist z.Zt. methodisch kaum faßbar und wird daher überwiegend auf der späteren Ebene der Abwägung behandelt werden müssen."*

Die Frage der Umweltverträglichkeit wird also zunächst formal verstanden, um dann als „Umweltfreundlichkeit" unter Hinweis auf ein methodisches Defizit an eine nicht mehr erfaßte „Abwägungsebene" delegiert zu werden.

Warum tut man sich so schwer mit der Frage, ob ein Vorhaben als umweltverträglich anzusehen ist? Hier sind einige Dilemmas zu nennen, in denen sich die UVP befindet. Sie gelten im Prinzip auch für andere Planungsverfahren und Untersuchungsmethoden, finden jedoch in der UVP aus verschiedenen Gründen ihre besondere Ausprägung. Zur Veranschaulichung ist das Beispiel der Umgehungsstraße gut geeignet, u.a. weil eine lange Erfahrung mit Bewertungsverfahren und mit ökologischen Untersuchungen vorliegt und eine gut durchschaubare Planungsstruktur gegeben ist.

## 7.2 Das Begriffsdilemma

Die Umweltdiskussion ist geprägt von begrifflichen Mißverständnissen und Vieldeutigkeiten sowie unpräzisem Gebrauch bestimmter Begriffe. Als Beispiele seien hier die zentralen Begriffe „Ökologie" und „Umwelt" genannt: Ökologie z.B. als Programm, als Kontrapunkt zur Ökonomie, als Wissenschaft, als Synonym für Umwelt. Umwelt z. B. als materielle oder mentale Lebensgrundlage des Menschen, als Objekt und Untertan des Menschen, als Synonym für Natur. Eine allgemeine Begriffsbereinigung ist zwecklos, vielmehr geht es darum, sich zu vergegenwärtigen, daß es eine „jeweilige" Bedeutung gibt und daß auch die UVP begriffsbildend wirkt.

Die Frage, was unter „umweltverträglich" zu verstehen sei, ist in der Umgangssprache unkompliziert und ohne Absolutheitsanspruch im Sinne einer Relation gelöst, so wie es auch zu „gut" ein besser geben kann. Bei der in der Fachwelt gern geübten Kritik an den Begriffen „Umweltverträglichkeitsprüfung" oder „umweltverträglich" wird die positive Einstimmung gegenüber einer UVU und der programmatische und auffordernde Charakter des Begriffs übersehen, der durchaus im eigentlichen Sinne der UVP impliziert, sich um noch umweltverträglichere Lösungen zu bemühen.

## 7.3 Die räumliche Dimensionsstufe

Das inhaltlich/methodische Arsenal für die Maßstabsebene der Vorentwurfsplanung (1:5000) und für einzelne Trassenteile ist relativ umfangreich; für andere räumliche Dimensionsstufen fehlt es jedoch an durchgängigen, aufeinander abgestimmten oder aufbauenden Verfahren. Insbesondere fehlt es an Methoden zur UVS, die die verschiedenen räumlichen Dimensionsstufen schlüssig miteinander verbinden. Vieles bleibt Stückwerk einer bestimmten Planungsebene, d. h. die Entscheidungsmöglichkeiten für eine ökologisch orientierte Planung beschränken sich auf kleine Teilbereiche, einzelne Umweltschutzmaßnahmen und die Definition von Ausgleichs- und Ersatzmaßnahmen. Die Umgehungsstraße ist jedoch nur Teilaspekt eines regionalen Straßennetzausbaus, der wiederum Teilaspekt eines überregionalen Straßennetzausbaus (z. B. Bundesfernstraßenbedarfsplan) ist, der wiederum Teilaspekt der Verkehrswegeplanung ist. Das Dilemma führt dazu, daß beispielsweise die UVU einer bestimmten Planungsebene stillschweigend auf andere Dimensionsstufen erweitert wird, die sie aufgabengemäß und methodisch nicht in ausreichendem Maße abdecken kann.

Häufig wird auch die für eine bestimmte Dimensionsstufe geltende Logik der Bewertung durchbrochen, um angeblich nicht in Gegensatz zu Aussagen für andere Dimensionsstufen zu kommen. Es ist methodisch überhaupt kein Widerspruch, wenn beispielsweise einerseits der übergeordnete Netzausbau als „nicht umweltverträglich“ angesehen wird, andererseits aber der eine oder andere Fall der örtlichen Konkretisierung auf der unteren Dimensionsstufe als „umweltverträglich“ bewertet wird.

## 7.4 Die Aufgabenstellung

Was für die räumliche Dimensionsstufe gesagt wurde, gilt auch für den „sachlichen Dimensionsbereich“. Auch hier gibt es die Tendenz, die Bewertung abhängig zu machen von Bereichen, die außerhalb des eigentlichen Untersuchungsgegenstandes liegen. So spielt mehr oder weniger bewußt die Vergesellschaftung von ökologischem mit sozialem Konfliktpotential bei der Aussage zur Umweltverträglichkeit eine maßgebende Rolle: Ökologische Argumente gewinnen oder verlieren im Rahmen einer UVP an Gewicht, nur weil sie gleichzeitig mit bestimmten Stellungen zu städtebaulichen Planungen oder sozialgeographischen Entwicklungen verbunden sind.

Jede UVU hat eine bestimmte Aufgabenstellung und läuft unter verschiedenen Rahmenbedingungen ab. Eine UVU sollte auf die damit verbundenen Einschränkungen des Untersuchungsgegenstands und der Untersuchungstiefe hinweisen. Sie muß deutlich machen, inwieweit Themenbereiche, die außerhalb des Untersuchungsbereichs liegen, das Ergebnis beeinflussen können; sie kann jedoch nicht die fundierte Behandlung dieser Themenbereiche ersetzen.

## 7.5 Die Wahrnehmung von Konfliktpotential

Es fällt auf, daß ein ökologisches Konfliktpotential unterschiedlich wahrgenommen und damit auch mehr oder weniger hingenommen wird (was selbstverständlich nicht nur für Betroffene und Entscheidungsträger, sondern auch für den Bearbeiter einer UVU gilt). Diese unterschiedlichen Akzeptanzen hängen von sozialen Faktoren wie etwa gesellschaftlichen Verhaltensmustern, Einstellungen und Stimmungen oder dem Bildungsniveau der Betroffenen ab. Sie sind durch gezielte Information und Öffentlichkeitsarbeit zu beeinflussen. Im Idealbild der UVP spielt der Gedanke der ökologischen Aufklärung eine wichtige Rolle: Das Konfliktpotential soll bei Betroffenen und Entscheidungsträgern so wahrgenommen werden, „wie es ist"; die Bewertungsgrundlagen und die Bewertungen selbst sollen von Zufälligkeiten und Befangenheiten so frei wie möglich sein. Es soll ein möglichst objektives Bild des Konfliktpotentials entstehen, und die Gründe für bestimmte Bewertungen von Auswirkungen sollen offengelegt werden. Von einer UVU wird also Objektivität verlangt. Sie bezieht sich sowohl auf die Sachebene einer UVU, d.h. die Sammlung, Auswahl, Aufbereitung und Verknüpfung von Informationen als auch auf ihre Wertebene, d.h. die Darstellung von Schutzwürdigkeiten und Konflikten.

Als Beispiel für unterschiedliche Wahrnehmungen können die Verhältnisse im eher ländlichen Raum denen im städtischen Raum gegenübergestellt werden. So wird das Konfliktpotential einer Hauptverkehrsstraße im städtischen Bereich niedriger angesetzt als im besiedelten ländlichen Raum. Außerdem werden bestimmte geoökologische Kompartimente je nach Siedlungsdichte von vornherein unbeachtet gelassen, ohne daß dies durch die Festlegung des Untersuchungsrahmens begründet wäre. Aus systemanalytischer und ökosystemarer Sicht gibt es jedoch keine grundsätzlichen Unterschiede zwischen städtischen Gebieten mit relativ wenig und ländlichen Gebieten mit relativ viel Freiraum. Nur die Ausprägungen und die Ansprüche der Raumfunktionen sind unterschiedlich. So kann man Hauptverkehrsstraßen im städtischen Gebiet auch als „innerörtliche Umgehungsstraßen" verstehen, die ausgebaut wurden, um gezielt Verkehr aufzunehmen, der in einem anderen Stadtgebiet in (stärkerem) Konflikt zu anderen Verkehrsarten (z.B. Ziel-/Quellverkehr) oder zu bestimmten Funktionen des Straßenraums (z.B. als Wohnumfeld) stand.

Bei der Beurteilung von Umgehungsstraßen sollte man sich die unterschiedlichen Konfliktniveaus vergegenwärtigen, die sich aus dem subjektiven und dem objektiven Konfliktpotential ergeben.

## 7.6 Objektives und subjektives Konfliktpotential

Von einem objektiven Bewertungsverfahren wird verlangt, daß

– es systematisch darstellbar ist,

- es einer durchschaubaren Bewertungslogik folgt,
- die Gründe für Bewertungen offen gelegt werden,
- der Einfluß subjektiver (bzw. intersubjektiver)

Einschätzungen erfaßt werden kann.

Ein solches Bewertungsverfahren führt zur Darstellung eines „objektiven Konfliktpotentials“. Demgegenüber steht das „subjektive Konfliktpotential“, das eher diffus wahrgenommen wird und von der eigenen Betroffenheits- oder Interessenlage bestimmt wird.

Grundsätzlich gilt: Eine Zunahme des Konfliktpotentials auf der einen Seite wird zugunsten der Abnahme eines (höheren) Konfliktpotentials auf der anderen Seite in Kauf genommen; eine Umweltverträglichkeitsprüfung prüft im Vorfeld der Planungen, ob eine solche Veränderung des Konfliktpotentials aus bestimmten (nämlich ökologischen und umweltpolitischen) Gründen in Kauf genommen werden kann.

## 7.7 Das Bewertungsdilemma

Die Bewertungsproblematik, insbesondere die Bilanzierung verschiedener Umweltsachgebiete, also bespielsweise die Aufrechnung von Entlastungen im Straßenraum und Wohnumfeld mit Belastungen im Freiraum, ist nach wie vor methodisch unbefriedigend. Sie läßt die Fragen von Planungsbetroffenen, Gutachtern und Entscheidungsträgern offen und kann zu willkürlichen oder zufälligen Aussagen über die Umweltverträglichkeit eines Vorhabens führen. Damit ist auch die eindeutige, genaue Definition des Begriffs „umweltverträglich“ offen, was keineswegs seiner Verwendbarkeit widerspricht, sofern nicht willkürlich von ihm Gebrauch gemacht wird. Und so verstehen sich die folgenden Sätze z.T. mindestens mit einem Fragezeichen.

Eine Umgehungsstraße ist umweltverträglich, wenn sie bzw. ihre Planung

- das Vermeidungs- und das Ausgleichsgebot erfüllt,
- beim Gutachter als umweltverträglich angesehen wird,
- den verwaltungsverfahrenstechnischen Abwägungsprozeß durchlaufen hat,

- nach ökologisch orientierten Grundsätzen erstellt wurde und von entsprechenden Maßnahmen begleitet wurde,
- dem Stand der Technik in Umweltschutz und -planung entspricht,
- Umwelteinwirkungen erwarten läßt, bei denen bestimmte Grenz- oder Orientierungswerte der Belastung unterschritten werden,
- empfindliche Gebietsteile meidet bzw. Einwirkungen von empfindlichen Gebietsteilen fernhält,
- bestimmten oder unbestimmten Umweltqualitätszielen folgt,
- bestimmte oder unbestimmte Umweltqualitätsstandards erfüllt,
- bei allen oder den maßgebenden Betroffenen akzeptiert wird,
- realisiert ist, und jeder, die Mehrheit und die Umwelt, sich daran gewöhnt haben bzw. darauf eingestellt haben.

Um zur Eingangsfrage zurückzukommen: Eine Umgehungsstraße kann also umweltverträglich sein, oder präziser gesagt, unter gewissen Bedingungen bei Anwendung ökologisch orientierter Grundsätze und umweltpolitischer Maßgabe „umweltverträglich“ genannt werden.

## 7.8 Literatur

1) Merkblatt zur Umweltverträglichkeitsstudie in der Systemplanung, MUVS. Herausgegeben von der Forschungsgesellschaft für System- und Verkehrswesen. 1990.

# Konkretisierung des UVP-Gesetzes durch Verwaltungsvorschriften

# 8. Geplante Vorschriften zur Ausführung des UVP-Gesetzes

**Franz-Josef Feldmann**

Das UVP-Gesetz ist am 1. August 1990 in Kraft gestreten. Mit dem Thema „Ausführungsvorschriften zum UVP-Gesetz" ist nun vielfach die Vorstellung verbunden, der Vollzug des UVP-Gesetzes sei ohne weitere rechtliche Umsetzungsakte in Frage gestellt. Es ist nur anzumerken: Das UVP-Gesetz ist vollziehbar, wie UVP-Planspiele[1)] und erste praktische Erfahrungen zeigen. Die weitverbreitete „Unvollziehbarkeitsthese" ist dadurch widerlegt.

## 8.1 Die 1. Novellierung der 9. BImSchV und der AtVfV

Wenn die weitere rechtliche Umsetzung des UVP im Zusammenhang mit dem UVP-Gesetz angesprochen wird, so bezieht sich dies vor allem auf die Novellierung der Verfahrensordnungen zum Bundes-Immissionsschutzgesetz und zum Atomgesetz. Mit diesen Novellierungen soll das UVP-Gesetz bereichsspezifisch abgelöst werden. Erst danach bezieht sich dies auch auf die Allgemeine Verwaltungsvorschrift zum UVP-Gesetz.

Mit den Novellierungen zur 9. BImSchV[2)] und zur AtVfV[3)] werden die neuen Verfahrensanforderungen des UVP-Gesetzes in die immissionsschutzrechtlichen und atomrechtlichen Genehmigungsverfahren eingeführt. Insbesondere geht es darum, die erforderlichen Vorhabenunterlagen bereichsspezifisch, d. h. in immissionsschutzrechtlicher bzw. in atomrechtlicher Hinsicht, zu konkretisieren. Die Novellierung der immissionsschutzrechtlichen Verfahrensverordnung ist abgeschlossen. Der Bundesrat hat der Novelle mit einer Reihe von Änderungswünschen zugestimmt. Die Bundesregierung hat die Änderungswünsche akzeptiert. Die Novelle wurde im März 1992 im Bundesgesetzblatt verkündet[4)].

Demgegenüber ist der Verfahrensstand bei der atomrechtlichen Verfahrensordnung leider noch nicht soweit. Hier liegt erst ein interner Arbeitsentwurf für eine Novelle vor.

## 8.2 Erlaß der UVP-Verwaltungsvorschrift

Zum Verfahrensstand zur Verwaltungsvorschrift nach §20 UVPG: Erst Ende 1992 kann ein Regierungsentwurf verfahrenstechnisch vorliegen, deshalb stützen sich die weiteren Ausführungen auf den Referentenentwurf des Bundesumweltministeriums.

Zum Inhalt: Um gleich ein vielfach gehegtes Mißverständnis auszuräumen: Bei den Verwaltungsvorschriften handelt es sich nicht um eine TA-UVP. Angesichts unterschiedlicher Vorstellungen, die in interessierten Kreisen mit der Umweltverträglichkeitsprüfung verbunden sind, muß es Zweck der Verwaltungsvorschriften sein, den Vollzug des UVP-Gesetzes nach einheitlichen Grundsätzen auszurichten. Dabei geht es nicht um eine „Technische Anleitung", die in der Normenhierarchie den Abschluß der Konkretisierung bildet. Vielmehr geht es bei den Verwaltungsvorschriften um grundlegende Konkretisierungen der verfahrensrechtlichen und materiellrechtlichen Anforderungen des UVP-Gesetzes.

Regelungsgegenstände der Verwaltungsvorschriften sind gemäß dem Auftrag des §20 UVPG

- Kriterien und Verfahren zur Ermittlung, Beschreibung und Bewertung von Umweltauswirkungen sowie
- Grundsätze für die Unterrichtung über den voraussichtlichen Untersuchungsrahmen der UVP, für die zusammenfassende Darstellung und für die Bewertung von Umweltauswirkungen.

Die folgenden Grundsatzentscheidungen des UVP-Gesetzes prägen entscheidend Konzeption und wesentlichen Inhalt der Verwaltungsvorschrift:

- UVP ist ein Instrument der Entscheidungsvorbereitung.
- UVP ist ein unselbständiger Teil verwaltungsbehördlicher Verfahren.
- UVP-Mindestanforderungen gelten für alle Vorhabenkategorien.
- Die Prüfung und Bewertung der Umweltauswirkungen ist medienübergreifend durchzuführen.
- Die Verfahrenskoordinierung in parallelen Zulassungsverfahren wird durch die Funktion der federführenden Behörde gewährleistet.

Die Umsetzung dieser Grundsatzentscheidungen in Handlungsanweisungen auf der Ebene von Verwaltungsvorschriften bedingt Abweichungen von der Struktur herkömmlicher Verwaltungsvorschriften im Umweltbereich, die durch ihre fachspezifische Ausprägung gekennzeichnet sind. Der Querschnittscharakter der UVP erfordert Verwaltungsvorschriften, die sich durch folgende Merkmale auszeichnen:

- bereichsübergreifende Regelungen von UVP-Grundsätzen für praktisch das gesamte Zulassungsrecht des Bundes,
- punktuelle Regelungen einzelner UVP-Verfahrensschritte innerhalb der verwaltungsbehördlichen Verfahren,
- Verfahrensregelungen zur Koordinierung paralleler Verfahren und zur Funktion der federführenden Behörde,
- materielle Regelungen zur Konkretisierung der medienübergreifenden Bewertung von Umweltauswirkungen aufgrund des § 12 UVPG.

Wegen der fachspezifischen Besonderheiten der zahlreichen betroffenen Verfahren, die in der Anlage zu § 3 UVPG aufgeführt sind, und wegen der beschränkten Geltungskraft des UVP-Gesetzes für einige Verfahren ist es unmöglich, die Verwaltungsvorschriften einheitlich für alle Verfahren zu formulieren. Die Verwaltungsvorschriften müssen daher in besonderen Teilen auf die betroffenen Verfahren zugeschnitten sein. Wichtig ist aber, daß dies im Rahmen einer Gesamtkonzeption erfolgt. Dies bedeutet, daß für alle Vorhabentypen geltende Regelungen und übergreifende Begriffsbestimmungen in einem allgemeinen Teil abgehandelt werden müssen.

## 8.3 Integrativer Aspekt der Verwaltungsvorschriften

Einzelne konzeptionelle Aspekte der Verwaltungsvorschriften verdienen eine nähere Betrachtung. Zunächst zum integrativen Aspekt: Nach § 2 UVPG ist die Umweltverträglichkeitsprüfung unselbständiger Teil verwaltungsbehördlicher Zulassungsverfahren. Diese fundamentale Aussage des Gesetzes hat weitreichende Auswirkungen, die in den Verwaltungsvorschriften im einzelnen dargelegt werden. Unter dem integrativen Aspekt geht es zuerst darum, aufzuzeigen, welche Verfahren und Zulassungsvoraussetzungen von der UVP betroffen sind. Die in der Anlage zu § 3 UVPG aufgeführten Leitverfahren stellen insoweit lediglich eine erste Anknüpfung dar. Die volle Breite der Umweltverträglichkeitsprüfung wird vielmehr erst in den Verwaltungsvorschriften deutlich, wenn in den besonderen Teilen zu den jeweiligen Vorhabentypen der Anwendungsbereich geregelt wird.

Danach macht das UVP-Gesetz nicht Vorgaben für die bundesrechtlich geregelten Leitverfahren, sondern auch für parallel laufende, umweltbezogene Zulassungsverfahren und damit auch für landesrechtlich geregelte Zulassungsverfahren, einschließlich der konzentrierten Entscheidungen, die für die Verwirklichung eines Vorhabens erforderlich sind. Anders wäre eine medienübergreifende Prüfung und Gesamtbewertung nicht gewährleistet. Kompetenzrechtlich gesehen stellt das UVP-Gesetz für UVP-pflichtige Vorhaben eben eine Vollregelung dar, die bis in den Bereich der Rahmen- und Länderkompetenzen hineinwirkt.

Insbesondere ist dadurch auch die Einheitlichkeit der UVP z.B. im immissionsschutzrechtlichen bzw. atomrechtlichen Genehmigungsverfahren und in parallelen Zulassungsverfahren sicherzustellen. Will man diese Einheitlichkeit der UVP nicht aufgeben, so ist der Anwendungsbereich der UVP-Verwaltungsvorschrift auch auf die Bauleitplanung und die baurechtliche Zulassungsentscheidung zu erstrecken. Die kommunalen Spitzenverbände vertreten eine entgegengesetzte Position.

## 8.4 Informationsanforderungen in den Verwaltungsvorschriften

Einen breiten Raum im Rahmen der besonderen Teile nehmen die Informationsanforderungen ein, d. h. also die Regelung der vom Vorhabenträger vorzulegenden Angaben über das Vorhaben. Diese Angaben sind die Grundlage für die Durchführung jeder UVP.

Deshalb kommt ihrer Regelung besonderes Gewicht zu. Mit der UVP-Verwaltungsvorschrift soll eine Konkretisierung der erforderlichen Unterlagen nach den §§5 und 6 UVPG unter besonderer Berücksichtigung naturschutzrechtlicher und wasserrechtlicher Anforderungen erfolgen.

Diese Informationsanforderungen sind sehr viel konkreter gefaßt als die Regelung des §6 UVPG. Andererseits stellen sie noch keine „Checklisten“ dar. Diese sind bekanntlich sehr detailliert. Sie müssen aufgrund der wissenschaftlichen Entwicklung ständig fortgeschrieben werden, so daß sie sich für Verwaltungsvorschriften nicht eignen.

## 8.5 Unterrichtung über den voraussichtlichen Untersuchungsrahmen

Dem Verfahrensschritt „Unterrichtung über den voraussichtlichen Untersuchungsrahmen“ (§5 UVPG) kommt als Schaltstelle für die gesamte UVP besondere Bedeutung zu. Im Hinblick auf die Gewinnung vollständiger und zuverlässiger Informationen über das Vorhaben müssen private und öffentliche Belange in der UVP-Verwaltungsvorschrift zum Ausgleich gebracht werden; Ermessensgesichtspunkte für die Hinzuziehung Dritter werden festgelegt. Insgesamt wird der Verfahrensschritt unter Wahrung seines weitgehend informellen Charakters strukturiert, um ein Zusammenwirken aller Beteiligten zu erreichen.

## 8.6 Ermittlung, Beschreibung und zusammenfassende Darstellung von Umweltauswirkungen

Als weiterer Eckpunkt der UVP-Verwaltungsvorschrift wird die Ermittlung und Beschreibung von Umwelt und Umweltauswirkungen unter Berücksichtigung ihrer Entscheidungserheblichkeit, des maßgeblichen Ermittlungszeitpunktes und der Berücksichtigung auch des nichtbestimmungsgemäßen Betriebs von Anlagen geregelt. Regelungen zur UVP-Methodik werden allerdings mangels allgemeiner Anerkennung derzeit noch ausgeklammert.

Die „zusammenfassende Darstellung von Umweltauswirkungen“ (§11 UVPG) ist unerläßliche Voraussetzung für eine medienübergreifende Gesamtbewertung. In der UVP-Verwaltungsvorschrift wird ihre deskriptive Funktion gegenüber bewertenden Aussagen abgegrenzt. Ihre Einheitlichkeit gegenüber einer bloßen Aneinanderreihung von Gutachten und Stellungnahmen wird durch eine inhaltliche Strukturierung in Anlehnung an die Informationsanforderungen des §6 UVPG deutlich gemacht.

## 8.7 Bewertung von Umweltauswirkungen

Der integrative Charakter der Verwaltungsvorschriften kommt insbesondere bei der Bewertung von Umweltauswirkungen zum Ausdruck. Eine ganz bedeutsame Weichenstellung wird insoweit mit dem rechtlichen Bewertungsbegriff vorgenommen. Bewertung ist danach die Anwendung der umweltbezogenen Zulassungsvoraussetzungen der einschlägigen Fachgesetze auf den entscheidungserheblichen Sachverhalt.

Wenn die Bewertung unselbständiger Teil der Zulassungsverfahren sein soll, kann und darf die Bewertung keine Diskrepanz zur Entscheidungserheblichkeit aufweisen. Die Entscheidungserheblichkeit wird aber von den gesetzlichen Zulassungsvoraussetzungen bestimmt. Was nicht entscheidungserheblich ist, ist damit weder für die Bewertung noch für die Ermittlung und Beschreibung von Umweltauswirkungen relevant. Insoweit sind alle Zulassungsverfahren und damit auch die UVP als unselbständiger Teil auf die Entscheidungserheblichkeit ausgerichtet.

Es ist mittlerweile bekannt, daß sich an diesem Punkt die Geister scheiden und es Stimmen gibt, die eine von der Entscheidungserheblichkeit losgelöste, an ökologischen Maßstäben orientierte Bewertung verlangen. Die Ökologie kann prinzipiell nicht nur keine Bewertungsmaßstäbe liefern, eine angeblich „ökologische Bewertung" hätte auch nicht mehr mit dem im UVP-Gesetz vorgesehenen integrativen Charakter der Umweltverträglichkeitsprüfung zu tun. Letztlich liefe die „ökologische Bewertung" auf ein selbständiges UVP-Verfahren hinaus, das gerade vom Gesetzgeber nicht gewollt ist.

Die für die Bewertung heranzuziehenden, umweltbezogenen gesetzlichen Zulassungsvoraussetzungen sind bei Genehmigungen, Erlaubnissen und Bewilligungen in der Regel im Gesetzeswortlaut als Voraussetzung für die Vorhabenzulassung formuliert, z.B. in §5 Abs. 1 Nr. 1 BImSchG („daß schädliche Umwelteinwirkungen ... nicht hervorgerufen werden können").

Bei Planfeststellungsbeschlüssen sind die umweltbezogenen gesetzlichen Zulassungsvoraussetzungen zum Teil im Gesetzeswortlaut als Voraussetzung für die Vorhabenzulassung formuliert, z.B. in §9b Abs. 4 i.V.m. §7 Abs. 2 Nr. 3 AtG („erforderliche Vorsorge gegen Schäden"); zum Teil sind sie im Wege der Auslegung und Abwägung aus den in den einschlägigen Fachgesetzen aufgeführten Zielsetzungen und Belangen zu gewinnen.

Im Rahmen von Planfeststellungsverfahren ist die zuständige Behörde ferner an die umweltbezogenen gesetzlichen Zulassungsvoraussetzungen derjenigen Zulassungsentscheidungen gebunden, die von der

Planfeststellung eingeschlossen werden. Auch soweit umweltbezogene gesetzliche Zulassungsvoraussetzungen, die nur eine Berücksichtigung oder Optimierung vom Umweltbelangen fordern und daher keinen Planungsleitsatz darstellen, durch planerische Abwägung überwunden werden können und keine strikte Beachtung verlangen, sind diese Zulassungsvoraussetzungen zunächst bei der Bewertung von Umweltauswirkungen uneingeschränkt anzuwenden. Für den Vollzug bedürfen umweltbezogene gesetzliche Zulassungsvoraussetzungen der Konkretisierung. Diese kann erfolgen durch

- alle qualitativen und quantitativen Umweltstandards, die durch Rechts- und Verwaltungsvorschriften, einschließlich der UVP-Verwaltungsvorschrift, festgelegt sind

sowie im Einzelfall subsidiär durch

- alle privaten Richtlinien und Regeln und
- alle sonstigen relevanten Gesichtspunkte,

die von der zuständigen Behörde bei der Anwendung der umweltbezogenen gesetzlichen Zulassungsvoraussetzungen herangezogen werden können.

Für Abfallentsorgungsanlagen bedeutet dies z. B., daß die Umweltauswirkungen vor allem anhand der §§ 2 und 8 des Abfallgesetzes und des dazu gehörenden untergesetzlichen Regelwerks als abfallspezifische Zulassungsvoraussetzung zu bewerten sind. Daneben können – je nach Einzelfall und nach Art der eingeschlossenen Entscheidungen – andere fachgesetzliche Zulassungsvoraussetzungen zur Anwendung kommen.

## 8.8 Medienübergreifender Aspekt der Verwaltungsvorschriften

Der medienübergreifende Aspekt der Umweltverträglichkeitsprüfung wird in den Verwaltungsvorschriften besonders betont. In verfahrensrechtlicher Hinsicht ist insoweit nicht nur darauf hinzuweisen, daß die Ergebnisse von Teilprüfungen im Rahmen von vorgelagerten Verfahren und nachfolgenden Zulassungsverfahren zu einer Gesamtbewertung zusammenzufassen sind, sondern daß vor allem weitgehende Regelungen zur Koordinierung von parallel nebeneinander laufenden Zulassungsverfahren durch eine federführende Behörde vorgesehen sind. Mit diesen Regelungen werden alle beteiligten Behörden „an einen Tisch" gebracht. Die Koordinierung gewährleistet, daß alle Umweltbelange gleichberechtigt vertreten und die verfahrensmäßigen Voraussetzungen für eine medienübergreifende Prüfung und Gesamtbewertung gegeben sind.

Medienübergreifende Bewertung bedeutet ferner eine die Umweltauswirkungen zueinander in Beziehung setzende Gesamtbewertung, nicht nur ein Aneinanderreihen medialer Bewertungen einzelner Umweltauswirkungen eines Vorhabens. Da eine quantitative Saldierung von Umweltauswirkungen mangels Verrechnungseinheiten prinzipiell unmöglich ist, stellt die medienübergreifende Bewertung von Umweltauswirkungen stets eine Gewichtung dar, die mit verbal beschreibenden, qualitativen Argumenten zu begründen ist.

Für die medienübergreifende Bewertung ist des weiteren von besonderer Bedeutung, daß in den Verwaltungsvorschriften die Funktion der §§1, 2 und 12 UVPG als gesetzliche Auslegungs- und Anwendungsregel für das Fachrecht dargelegt wird. Die Auslegung und Anwendung des Fachrechts wird dabei im Sinne einer wirksamen Umweltvorsorge so gesteuert, daß alle Umweltgüter bestmöglich geschützt werden, d. h. ein medienübergreifender Ausgleich hergestellt werden muß.

Es soll ausdrücklich auf die Optimierungsfunktion des UVP-Gesetzes hingewiesen werden, weil sie teilweise in ihrer Bedeutung noch nicht richtig erkannt wird oder weil sie auch aus fachspezifischen Interessen abgelehnt wird. Aber in den Gesetzesmaterialien heißt es klar, daß die Fachgesetze nunmehr durch das UVP-Gesetz auf eine medienübergreifende Auslegung und Anwendung hin gesteuert werden und daß fachgesetzliche Rechtsbegriffe durch das UVP-Gesetz einen neuen Gehalt bekommen.

In den besonderen Teilen der Verwaltungsvorschriften werden diese Grundsätze für die Bewertung von Umweltauswirkungen jeweils in bezug auf die einzelnen Vorhabentypen konkretisiert. Dies bedeutet z. B. für Abfallentsorgungsanlagen zunächst einmal, daß bei der Bewertung neben den Schutzgütern, die im Rahmen der Grundpflicht zur umweltgerechten Abfallentsorgung nach §2 des Abfallgesetzes zu beachten sind, auch weitere Umweltgüter nach §2 UVPG mit herangezogen werden müssen.

Dies bedeutet ferner, daß bestimmte Bewertungsgrundsätze anzuwenden sind, die für Problemverschiebungen zwischen den Umweltgütern gelten, d. h. für Problemverschiebungen, die aufgrund von Schutzmaßnahmen zugunsten eines Umweltmediums herbeigeführt werden können. Um es beispielhaft zu verdeutlichen: Notwendige Abwasserbehandlungsmaßnahmen bei Abfallentsorgungsanlagen dürfen nicht derart durchgeführt werden, daß sie zu unzulässigen Luftverunreinigungen führen. Oder: Notwendige Luftreinhalte- oder Abwasserbehandlungsmaßnahmen dürfen nicht mit nicht ausgleichbaren Eingriffen in Natur und Landschaft erkauft werden. Mit anderen Worten: Der Schutz eines Umweltgutes darf nicht durch die übermäßige Inanspruchnahme eines anderen Umweltgutes erreicht werden, vielmehr muß unter Berücksichtigung von medialen Anforderungen an die Umweltbeschaffenheit ein verhältnismäßiger Ausgleich zwischen den betroffenen Umweltgütern stattfinden. Ist dieser Ausgleich nicht möglich, hat eine Bewertung dahingehend zu erfolgen, daß umweltbezogene Zulassungsvoraussetzungen nicht erfüllt sind. Im Rahmen von Planfeststellungsverfahren bleibt dann nur die Frage, inwieweit im Wege planerischer Abwägung andere Belange als Umweltbelange die Planungsentscheidung beeinflussen.

In den Verwaltungsvorschriften finden sich schließlich noch Bewertungsgrundsätze, die für Umweltauswirkungen bei Erreichen medienübergreifender Grenzbelastungen gelten. Danach können umweltbezogene Zulassungsvoraussetzungen insgesamt nicht mehr als erfüllt angesehen werden, wenn die Beschaffenheit von Wasser, Boden, Luft sowie Natur und Landschaft jeweils gerade nur noch den Mindestanforderungen entspricht. Diese Bewertungsgrundsätze greifen somit eine Fallsituation auf, die in der Vergangenheit in besonderer Weise zur Rechtfertigung eines medienübergreifenden UVP-Gesetzes angeführt wurde.

## 8.9 Anforderungen an die Umweltbeschaffenheit

Bei den erwähnten medialen Anforderungen an die Umweltbeschaffenheit handelt es sich um operationalisierte Kriterien, denen für die Bewertung von Umweltauswirkungen eine Orientierungsfunktion zukommt und mit denen dem Anspruch auf Konkretisierung des UVP-Gesetzes durch die Verwaltungsvorschriften in besonderer Weise nachgekommen werden soll.

Die Verwaltungsvorschriften enthalten dazu in einem Anhang zunächst Anforderungen an Natur und Landschaft. Ein Eingriff ist danach in der Regel als nicht ausgeglichen zu bewerten, wenn z. B. Lebensraumfunktionen für Tiere und Pflanzen erheblich oder nachhaltig beeinträchtigt werden. Entsprechende Beeinträchtigungen sind z. B. der Verlust der Lebensraumfunktionen für Tier- und Pflanzenarten, die in Roten Listen aufgeführt sind oder von Biotopen, auf die Tierarten, die in den Roten Listen als gefährdet aufgeführt sind, alljährlich während bestimmter Entwicklungs- oder Wanderphasen als Trittsteine oder Teillebensräume angewiesen sind.

Weiter enthält der Anhang Anforderungen für Fließgewässer, an die Bodenbeschaffenheit und an die Luftbeschaffenheit. Für erstere werden insbesondere Orientierungswerte für Schwermetalle wie Kupfer, Chrom, Blei, Cadmium, Quecksilber ausgewiesen, die im gesamten Bundesgebiet zugrunde zulegen sind. Für letztere werden die Immissionswerte der TA-Luft herangezogen und auch in Vorhaben für anwendbar erklärt, die nicht nach dem Bundes-Immissionsschutzgesetz genehmigungsbedürftig sind, z. B. für Abwasserbehandlungsanlagen im Sinne des § 18c des Wasserhaushaltsgesetzes.

Wenngleich die vorgelegten Werte für die Umweltbeschaffenheit im einzelnen noch Diskussionen auslösen werden, ist es sicherlich richtig, daß die vielfache Nachfrage nach operationalisierten Bewertungskriterien berechtigt ist und es insoweit keinen Weg zurück gibt.

## 8.10 Berücksichtigung des Bewertungsergebnisses

Da die Berücksichtigung nicht mehr Teil der Umweltverträglichkeitsprüfung, sondern Teil der Zulassungsentscheidung ist, muß sich die UVP-Verwaltungsvorschrift insoweit einer Regelung enthalten. Durch Erläuterungen ist jedoch im Referentenentwurf dargestellt, wie je nach Entscheidungstyp das Bewertungsergebnis in die Zulassungsentscheidung Eingang findet.

Infolge des rechtlichen Bewertungsbegriffs bedeutet dies z. B. für gebundene Entscheidungen, daß die „Umwelt**un**verträglichkeit“ automatisch zur Versagung der Genehmigung führt. Die Umweltverträglichkeitsprüfung ist damit durch den rechtlichen Bewertungsbegriff ganz anders sanktionsbewehrt als sie dies bei einem ökologischen Bewertungsbegriff je sein könnte. Nicht zuletzt hierin liegt die Effizienz für die UVP.

## 8.11 Zusammenfassung

Es läßt sich abschließend bemerken:

- Die Verwaltungsvorschriften sind gesetzeskonkretisierend, da sie zum UVP-Gesetz weiterführende Regelungen enthalten.
- Sie sind medienübergreifend, da sie die materiellrechtlichen und verfahrensrechtlichen Anforderungen des UVP-Gesetzes für eine alle Umweltmedien erfassende Prüfung und Bewertung von Umweltauswirkungen verdeutlichen.
- Sie sind integrativ, da sie die neuen Verfahrensschritte der UVP harmonisch in die hergebrachten Verfahren einfügen.

Die Verwaltungsvorschriften werden damit für den Vollzug des UVP-Gesetzes eine Anwendungshilfe darstellen, welche die Intentionen des Gesetzgebers zur Geltung bringt.

## 8.12 Literatur und Anmerkungen

1) Das Planspiel fand vom 30. Mai bis 1. Juni 1990 in Neustadt an der Weinstraße zu Entwürfen
   - der Allgemeinen Verwaltungsvorschrift nach §20 UVPG (UVPVwV, Stand: 9. Mai 1990) und
   - der Novelle der Neunten Verordnung zur Durchführung des Bundes-Immissionsschutzgesetzes (9. BImSchV, Stand: April 1990)

   statt. Siehe den Bericht der Bundesregierung an den Deutschen Bundestag über die Ergebnisse des Planspiels, BT-Drs. 12/584 vom 13. Mai 1991.
2) Neunte Verordnung zur Durchführung des Bundes-Immissionsschutzgesetzes.
3) Atomrechtliche Verfahrensordnung.
4) Siehe BGBl. I Seite 536 ff.

# 9. Praxisorientierung von UVP-Gesetz und Bauleitplanung nach dem Baugesetzbuch

**Peter Runkel**

## 9.1 Ausgangslage

Der Umweltverträglichkeitsprüfung nach dem UVPG unterliegen die Vorhaben, die in der Anlage zu §3 des Gesetzes im einzelnen aufgeführt sind. Dabei geht das Gesetz von einer Aufteilung der UVP auf bestimmte, einander nachfolgende Planungsstufen aus. Der Umfang der Prüfung soll sich jeweils auf den stufenspezifischen Entscheidungsbedarf beschränken.

Zu den sogenannten vorgelagerten Verfahren, die für anschließende Verfahren beachtlich sind, zählt auch das Raumordnungsverfahren nach §6a ROG, das die UVP einschließt. Das Ergebnis des Raumordnungsverfahrens ist im Bauleitplanverfahren in die Abwägung nach §1 Abs. 5 u. 6 BauGB mit einzubeziehen (§6a Abs. 6 S. 1 ROG).

Zu den sogenannten vorgelagerten Verfahren gehören auch bestimmte Bauleitpläne (Flächennutzungsplan und Bebauungsplan) oder Teile davon. Beim Flächennutzungsplan nach §§5 ff. BauGB sind dies Darstellungen, aus denen in Bebauungsplänen UVP-pflichtige Festsetzungen entwickelt werden können. Bei Bebauungsplänen nach §§8 ff. BauGB sind nach dem UVPG folgende Festsetzungen UVP-pflichtig:

- Industriegebiete, soweit nicht der Bebauungsplan durch differenzierte Festsetzungen nach §1 Abs. 4 – 9 BauNVO Vorhaben der in der Anlage zu §3 UVPG bezeichneten Art ausschließt,
- Gebiete oder Flächen speziell für Vorhaben der in der Anlage zu §3 UVPG bezeichneten Art, insbesondere durch Festsetzungen nach §§10 und 11 Abs. 1 und 2 BauNVO oder durch Festsetzungen nach §9 Abs. 1 Nr. 5, 11, 12, 14 oder 17 BauGB.

Über diesen beschränkten Anwendungsbereich der UVP in der Bauleitplanung nach dem UVPG hinaus, findet die UVP nach den Vorschriften des BauGB in allen Bauleitplänen statt, in denen umwelterhebliche Entscheidungen zu treffen sind, also z.B. auch bei der Festsetzung eines Gewerbegebietes oder eines neuen Wohngebietes.

## 9.2 Die notwendige Orientierung

Bei dieser Ausgangslage sehen sich viele Gemeinden vor die schwierige Frage gestellt, in welchem Verfahren und nach welchen materiellen Vorschriften die UVP in der Bauleitplanung durchzuführen ist. Besonders größere Gemeinden haben inzwischen eigenständig Verfahren und Methoden entwickelt, um diese Defizite abzubauen. Viele dieser „kommunalen UVPs“ sind als Modellvorhaben vom BMBau gefördert worden. In manchen Gemeinden wird in einem zweistufigen Verfahren zunächst die Umwelterheblichkeit der Planung geprüft und im Falle der Bestätigung des Verdachts in einer zweiten Stufe die UVP durchgeführt. Schwierigkeiten bei der Anwendung der UVP in der Bauleitplanung ergeben sich aus fehlenden Umweltdaten. Größere Städte haben daher in den letzten Jahren erhebliche Anstrengungen unternommen, um Umweltkataster oder EDV-gestützte Umweltinformationssysteme aufzubauen. Überlagert werden diese Praxisprobleme durch unzureichende Bewertungsmaßstäbe für die Beurteilung der Umweltauswirkungen.

Vor diesem Hintergrund wird deutlich: Vor allem kleinere und mittlere Gemeinden benötigen dringend eine Orientierungshilfe, um die für Bauleitpläne mit Umweltrelevanz vorgeschriebene UVP im Sinne einer umfassenden und systematischen Darstellung der Umweltbelange und einer fach- und medienübergreifenden Bewertung der voraussichtlichen Umweltauswirkungen wirkungsvoll durchführen zu können.

## 9.3 Die Regelung des §17 UVPG

Der Gesetzgeber hat in §17 UVPG das Bauleitplanverfahren als UVP-Verfahren ausdrücklich anerkannt. Er hat damit die Entscheidung des Gesetzgebers bei Erlaß des Baugesetzbuchs bestätigt (BT-Drs. 10/6166 S. 139), wonach das Bauleitplanverfahren selbst die Elemente der Umweltverträglichkeitsprüfung enthält: Ermittlung, Beschreibung und Bewertung der Umweltauswirkungen, zusammenfassende Darstellung der Umweltauswirkungen im Erläuterungsbericht zum Flächennutzungsplan bzw. in der Begründung zum Bebauungsplan, Beteiligung der zuständigen Behörden, der betroffenen Bürger und der Öffentlichkeit insgesamt.

§17 Satz 1 UVPG trägt diesem Umstand insofern Rechnung, als er im ersten Halbsatz hinsichtlich des Verfahrens und im zweiten Halbsatz hinsichtlich des materiellen Inhalts der Umweltverträglichkeitsprüfung in der Bauleitplanung voll umfänglich auf die Vorschriften des Baugesetzbuchs verweist (Erbguth/Schink §17 Rn. 4). Lediglich die grenzüberschreitende Behördenbeteiligung soll sich, weil im BauGB nicht geregelt, nach §8 UVPG richten.

Das städtebauliche Planungsrecht des Baugesetzbuchs enthält damit im Ergebnis eine wesentlich weitergehende Regelung der UVP, als es die EG-Richtlinie vom 27. Juni 1985 (85/337/EWG) und ihr folgend das UVPG vorschreibt.

## 9.4 Keine Aussagen zur UVP in der UVPVwV-Bauleitplanung

Aus §17 UVPG ergibt sich bereits, daß eine auf §20 UVPG gestützte Allgemeine Verwaltungsvorschrift keine Aussagen zur stufenspezifischen UVP in der Bauleitplanung oder etwa zum Raumordnungsverfahren nach §6a ROG enthalten darf.

Dieses rechtliche Ergebnis ist auch von der Sache her sinnvoll. Zumindest der jetzige Entwurf einer UVPVwV kann den Gemeinden die erforderliche Orientierungshilfe nicht vermitteln. Sieht man einmal davon ab, daß bereits die Ermittlung der Teile der VwV, die auf Bauleitplanverfahren anwendbar sein sollen, mit Schwierigkeiten verbunden ist, so liegen die Hauptprobleme in den Besonderheiten einer stufenspezifischen UVP begründet, denen der Entwurf der VwV nicht Rechnung trägt und auch nicht Rechnung tragen kann. Dies soll in zwei Punkten verdeutlicht werden:

– Der Entwurf der UVPVwV ist vorhabenbezogen aufgebaut, was hinsichtlich der UVP im Genehmigungsverfahren auch sinnvoll und von der EG-Richtlinie so vorgegeben ist. Dieser vorhabenbezogene Ansatz mit konkreten Pflichten des Vorhabenträgers kann aber auf vorgeschaltete Planverfahren wie die Bauleitplanverfahren, die losgelöst von konkreten Vorhaben die räumliche Nutzung in teils groben Zügen festlegt, so nicht angewendet werden. Schon von diesem unterschiedlichen Ansatz her kann eine UVPVwV der Bauleitplanung keine praktischen Hilfestellungen geben.

- Für eine Gemeinde wäre auch nicht deutlich, welche Teile der VwV für welche Darstellungen oder Festsetzungen in einem Bauleitplan anzuwenden wären. Bei einem Flächennutzungsplan, wie er zur Zeit von vielen Gemeinden der neuen Länder erstmalig aufgestellt wird, würde sich sofort die Frage stellen, ob eine UVP für den gesamten Plan oder nur für solche Darstellungen erforderlich sein soll, aus denen UVP-pflichtige Festsetzungen in Bebauungsplänen entwickelt werden können. Ferner wäre zu fragen, nach welchen Abschnitten der VwV eine UVP für die Darstellung eines Industriegebietes eigentlich durchgeführt werden soll, wenn noch keine Aussage darüber getroffen werden kann, welche Anlagenarten und in welcher Größe dort später verwirklicht werden sollen?

Die praktischen Schwierigkeiten bei der Anwendung der VwV auf die Bauleitplanung ließen sich fortsetzen. Mit dem allgemeinen Hinweis, diese Probleme müßten stufenspezifisch gelöst werden, ist bei dem Anspruch, den Gemeinden eine Orientierungshilfe geben zu wollen, nichts gewonnen. Leider hat das Planspiel zum Entwurf der UVPVwV deren Anwendung auf die Bauleitplanung ausgeklammert, sonst wären bereits dort die praktischen Schwierigkeiten deutlich geworden.

## 9.5 Mustererlaß zur UVP in der Bauleitplanung durch die Länderbauministerkonferenz

Faßt man als Ergebnis zusammen, daß einerseits die kommunale Praxis vor allem kleinerer und mittlerer Gemeinden dringend einer Orientierungshilfe für die UVP in der Bauleitplanung bedarf und andererseits die UVPVwV diese aus rechtlichen und tatsächlichen Gründen nicht zu leisten vermag, dann wird deutlich, daß ein anderer Weg beschritten werden muß. Die Gemeinden benötigen einen auf die besonderen Probleme der Bauleitplanung zugeschnittenen Erlaß, der sich nicht nur auf den Bereich der in der Anlage zu § 3 UVPG bezeichneten Vorhaben beschränkt, sondern alle Bauleitplanverfahren einschließt, in denen umwelterhebliche Entscheidungen zu treffen sind. In einen solchen Erlaß müßten im Sinne des medienübergreifenden Ansatzes der UVP alle umweltrelevanten Anforderungen an die Bauleitplanung integriert werden, wie z.B. eine naturschutzrechtliche Eingriffs- und Ausgleichsbilanz.

Entsprechende Vorarbeiten sind im Rahmen der Länderbauministerkonferenz – ARGEBAU – bereits getätigt. Sie wurden jedoch zurückgestellt, um zunächst die Abstimmung des Entwurfs der UVPVwV abzuwarten. Inzwischen hat die ARGEBAU-Ministerkonferenz am 8. Mai 1992 einen Mustererlaß zur Umweltverträglichkeitsprüfung in der Bauleitplanung in Auftrag gegeben. An dessen Erarbeitung sollen der BMBau und BMU, die UMK und die kommunalen Spitzenverbände beteiligt werden.

Im Rahmen des auf diese Weise hoffentlich zustande kommenden Dialogs zwischen der Bau- und Umweltseite sowie den Gemeinden soll eine Orientierungshilfe entstehen, die speziell auf die Fragen der UVP in der Bauleitplanung ausgerichtet ist und über die UVP-pflichtigen Vorhaben der Anlage zu § 3 UVPG hinausgeht.

# 10. UVP-Verwaltungsvorschrift - eine kritische Analyse des Regierungsentwurfes

**Alfred Eberhardt**

## 10.1 Einleitung

Fragen der Gesamtkonzeption für die deutsche UVP wurden vor allem im Zusammenhang mit der Vorbereitung des Gesetzes über die Umweltverträglichkeitsprüfung (UVPG) vom 12. Februar 1990 – überwiegend kontrovers – diskutiert[1]. Die laufende Erarbeitung der Verwaltungsvorschrift (UVPVwV)[2] nach §20 UVPG entfacht Dispute zur Ausgestaltung zahlreicher Einzelaspekte der UVP wie Bewertung, Mindestanforderungen an die Umweltbeschaffenheit, Öffentlichkeitsbeteiligung und Alternativenvergleich[3]. Dabei wird häufig übersehen, daß angesichts der im UVPG durchaus noch vorhandenen Gestaltungsspielräume auch der UVPVwV eine Funktion der weitergehenden Konkretisierung der Gesamtkonzeption der deutschen UVP zukommt.

Das UVPG formuliert in §1 für die deutsche UVP einen konzeptionellen Ansatz, der durch Begriffe wie Gesamthaftigkeit, medienübergreifende Betrachtung und Frühzeitigkeit geprägt ist. Die Verwirklichung dieses Konzeptes ist bereits durch die für die deutsche UVP gewählte Form der Einbindung als unselbständiger Teil der – in der Regel eher medial oder sektoral ausgerichteten – konventionellen verwaltungsbehördlichen Verfahren erheblich beeinträchtigt. Dies soll an dieser Stelle nicht mehr zur Diskussion gestellt werden. Vielmehr ist von Interesse, inwieweit der UVPVwV-Entwurf die der UVP nach dem UVPG zugewiesene „Klammerfunktion" in Richtung auf eine umfassende und ökosystemgerechte Konzeption auszugestalten vermag und inwieweit er die im UVPG bestehenden Auslegungs- und Ermessensspielräume in Richtung auf eine gesamthafte und vorsorgeorientierte UVP ausschöpft.

Als „Klammer" für einzelgesetzliche Belange eignet sich – um eine wesentliche Schlußfolgerung vorwegzunehmen – vor allem die Gestaltung des UVP-Verfahrens. Diese kann weiterhin dazu dienen, die stets bei der UVP vorhandenen Probleme der Wissensdefizite, Unsicherheiten und Bewertungsprobleme über eine Prozedualisierung beherrschbar zu machen[4]. Daher soll auf Zusammenhänge von Verfahrensgestaltung und UVP-Konzeption im folgenden verstärkt eingegangen werden.

Die Untersuchung konzentriert sich zunächst auf die kritische Analyse, ob die skizzierten Funktionen des Verfahrens nach dem letzten vorliegenden UVPVwV-Entwurf erreichbar erscheinen. Dies wird beispielhaft an drei Einzelaspekten untersucht:

- Übergreifende Gesamtgestaltung des UVP-Verfahrens,
- Aufbau und Gliederung des UVPVwV-Entwurfs,
- Ausgestaltung des Bewertungsverfahrens.

Am Ende des Beitrages sollen einige Ausblicke auf mögliche verbesserte Lösungsansätze gegeben werden.

## 10.2 Übergreifende Gesamtgestaltung des UVP-Verfahrens

Für eine kritische Analyse des UVPVwV-Entwurfs im Hinblick auf die Verfahrens-Gesamtgestaltung ist zunächst der dort definierte Regelungsbereich wichtig. Bedauerlicherweise geht der Entwurf von einer sehr engen Auslegung der Vorgaben nach §20 UVPG aus und betont in Ziffer 0.2.2, daß er nicht die Durchführung verwaltungsbehördlicher Verfahren insgesamt, sondern nur einiger Teilbereiche regeln will. Diese Selbstbeschränkung erscheint unnachvollziehbar. Insbesondere die Formulierung in §20 Nr. 1 UVPG *„... Kriterien und Verfahren, die zu dem in den §§1 und 12 genannten Zweck bei der* ***Ermittlung, Beschreibung und Bewertung von Umweltauswirkungen*** *(§2 Abs. 1 Satz 2) zugrunde zu legen sind ...“* (Hervorhebung durch den Autor) würde es erlauben, in der Verwaltungsvorschrift den gesamten Verfahrensablauf der UVP zu regeln. Bezeichnenderweise verweist die zitierte Passage bei der Spezifizierung der verfahrensbezogenen Regelungserfordernisse auf den gesamten Gegenstand der UVP gemäß §1 UVPG und nicht etwa auf ausgewählte Einzelschritte.

In den Bereichen, in denen der UVPVwV-Entwurf sich einer Regelung enthält (beispielsweise bei der Vorlage der Unterlagen des Vorhabens, der Öffentlichkeitsbeteiligung etc.), wird auf das zuständige Fachrecht verwiesen. Gerade dort sind jedoch häufig keine klärenden Regelungen im Hinblick auf die spezielle Zielsetzung einer gesamthaften und medienübergreifenden Herangehensweise zu finden.

Eine übergreifende Gesamtsteuerung des Verfahrens ist also nicht vorgesehen. Damit wird in der Praxis die Gefahr der Zersplitterung besonders groß. Und es wird eine Überforderung der Behörden mit dem sehr komplexen UVP-Verfahren mangels klarer und durchgängiger Anleitung stattfinden.

Damit in engem Zusammenhang steht die institutionelle Frage der Gesamtsteuerung. Erforderlich ist eine „Gesamtkoordinationsstelle" für das Verfahren, wie sie z. B. durch die federführende Behörde[5)] geleistet werden könnte. Leider ist bereits das UVPG hier sehr zurückhaltend und beschränkt die Rolle der federführenden Behörde auf einige Einzelschritte des Verfahrens. Jedoch spricht nichts dagegen, daß die Länder der federführenden Behörde zumindest eine koordinierende Rolle der Verfahrens-Gesamtgestaltung übertragen. Diese Aufgabe muß freilich in enger Koordination mit den zuständigen Behörden wahrgenommen werden. Sinnvoll wäre eine derartige übergreifende Funktion auch für Vorhaben, die der Zulassung durch nur eine Behörde bedürfen. Der UVPVwV-Entwurf zeigt durchaus gewisse Ansätze in diese Richtung, indem er der federführenden Behörde *„weitgehende Befugnisse zur Gestaltung des Bewertungsverfahrens"* zugesteht, obwohl das UVPG dies nicht ausdrücklich vorsieht. Das Bewertungsverfahren stellt bei Aufsplitterung in mehrere Zulassungsbehörden eine besonders harte Herausforderung an das Gebot der Gesamthaftigkeit. Was jedoch unabdingbar erscheint, ist eine wesentlich weitergehende Kompetenz der federführenden Behörde in Richtung auf einen Gesamtkoordinator, nicht nur für das Bewertungsverfahren, sondern das gesamte UVP-Verfahren.

## 10.3 Aufbau des UVPVwV-Entwurfs

Aufbau und Struktur des UVPVwV-Entwurfs orientieren sich streng am Katalog der Anlage zu § 3 UVPG, der wiederum nach den fachlichen Einzelgesetzen gegliedert ist. Trotz der vielfachen Querbezüge in den den bestehenden Fachgesetzen zugeordneten Einzelkapiteln werden keinerlei „Kristallisationspunkte" für eine übergeordnete Gesamtgestaltung der UVP gegeben. In der Praxis wird sich jede zuständige Einzelbehörde an „ihr" Einzelkapitel im UVPVwV-Entwurf halten. Dies wird sicherlich für die jeweiligen Zulassungsbehörden einen relativ übersichtlichen Einstieg ermöglichen, insgesamt aber eher zu einer „additiven Abarbeitung" der einzelgesetzlichen Belange als zu einem gesamthaften Ansatz führen.

Darüber hinaus führt die vorliegende katalogartige Aufzählung in jedem Einzelkapitel des UVPVwV-Entwurfs, insbesondere in Anbetracht der vielen Verknüpfungen von einzelgesetzbezogenen Anforderungen untereinander, zu einer erschlagenden Fülle und Unübersichtlichkeit. Zudem erzeugt die Gliederungsweise sehr viele Redundanzen.

Insgesamt führen Aufbau und nicht zuletzt auch die sprachliche und – weitgehend fehlende – grafische Gestaltung zu einem Regelwerk, das der Allgemeinverständlichkeit gänzlich entbehrt. Dies erscheint vor allem deswegen problematisch, weil dem Vorhabenträger nach der Konzeption des UVPG bei der Informationsbeschaffung und -aufbereitung eine Schlüsselrolle zufällt. Damit wird die Mitwirkungslast des konventionellen Zulassungsverfahrens zu einer Mitgestaltungslast fortentwikkelt. Diese kann nur dann wahrgenommen werden, wenn die Verwaltungsvorschrift zu einem praxisorientierten Leitfaden ausgestaltet wird[6)].

## 10.4 Gestaltung des Bewertungsverfahrens

Zentraler Prüfstein für einen gesamthaften UVP-Ansatz ist die Ausgestaltung des Bewertungsverfahrens. Entsprechend hat insbesondere das Bewertungsverfahren als zentraler Bestandteil des UVP im Zusammenhang mit den Regelungen des UVPG in bisherigen Debatten Kontroversen ausgelöst. Verschiedentlich wurde bereits kritisiert, daß sich der UVPVwV-Entwurf bei der Ableitung von Bewertungsmaßstäben zu sehr an die geltenden Fachgesetze hält[(vgl. 2)]. Die Problematik ist bereits im UVPG angelegt, indem der § 12 auf fachgesetzliche Zulässigkeitsvoraussetzung als Bewertungskriterium verweist.

Daneben aber sollte nicht vergessen werden, daß der Gesetzgeber im Rahmen des Gesetzgebungserfahrens zum UVPG eine durchaus beachtenswerte Änderung des § 12 UVPG gegenüber dem ursprünglichen Regierungsentwurf vorgenommen hat. Dort wurde in den Gesetzestext eingefügt, daß die Bewertung nicht nur nach Maßgabe der geltenden Gesetze, sondern insbesondere im Hinblick auf eine wirksame Umweltvorsorge im Sinne der §§ 1, 2 Abs. 1 Satz 2 und 4 zu erfolgen habe. Insgesamt kann daraus eine Modifikation der materiell-rechtlichen Kriterien für die Bewertung und Berücksichtigung der Umweltauswirkungen bei der Zulässigkeitsentscheidung abgeleitet werden. Der UVPVwV-Entwurf interpretiert § 12 UVPG in der Weise, daß § 12 in Verbindung mit § 2 Abs. 1 Satz 2 (und 4) UVPG die im geltenden Recht bereits vereinzelt angelegte ökosystemare Ausrichtung zu einem für alle Gesetze verbindlichen Auslegungs- und Ermessensgrundsatz erweitere (Ziffer 0.8.2.3). Dieser Weg wird im UVPVwV-Entwurf jedoch nur halbherzig beschritten. Es findet keine Konkretisierung und materielle Erweiterung der fachgesetzlichen Anforderungen um das neue Anforderungsprofil des § 2 Abs. 1 Satz 2 und 4 UVPG statt. In der konkreten Umsetzung beschränkt sich der UVPVwV-Entwurf darauf, die Einzelanforderungen nebeneinander zu stellen und dabei lediglich zu verlangen, daß ein Ausgleich zwischen den Umweltgütern hergestellt werden muß. Effekte wie Synergismen, Akkumulationen, Stoffkreisläufe etc. werden bezeichnenderweise kaum thematisiert.

Es wird nicht verkannt, daß eine Bewertung, die einem integrativen und ökosystemaren Ansatz folgt, erhebliche Herausforderungen an die Verfahrensgestaltung stellt. Dies insbesondere deswegen, weil sie sich bei weitem nicht nur auf allgemeingültige Standards und Grenzwerte stützen kann, sondern man sich sehr häufig auf individuelle Bewertungsverfahren einlassen muß.

Dies liegt zum einen an immer wieder unterschiedlichen praktischen Randbedingungen, konkreten Sensibilitäten und Wechselwirkungen. Zum anderen auch daran, daß man so unterschiedliche Aspekte wie Schadstoffemissionen, Ressourcenverbrauch, Eingriffe in Natur und Landschaft in immer wieder anderer Konstellation in einen Zusammenhang mit dem Ökosystem stellen muß. Das erscheint ohne individuell ausgerichtete Maßstäbe und Methoden unmöglich. Diese sieht auch der UVPVwV-Entwurf durchaus vor. Im übrigen sind sie schon heute Teil der Verwaltungspraxis, beispielsweise wenn es darum geht, das allgemeine Minimierungsgebot nach Nr. 2.3 TA-Luft zu einzelanlagenbezogenen Maßnahmen zu konkretisieren. Neu ist, daß die unterschiedlichsten Bewertungsaufgaben bei der UVP in einen Gesamtzusammenhang gestellt werden sollen. Hierzu muß den Behörden durch die UVPVwV Hilfestellung gegeben werden.

Eine weitere Schwierigkeit besteht darin, daß individuelle Bewertungen dem Vorwurf der Behördenwillkür ausgesetzt sind. Die Sicherstellung rechtsstaatlicher Handlungsgrundsätze kann nur über eine entsprechende Verfahrensgestaltung erreicht werden, die Transparenz und Nachvollziehbarkeit ermöglicht. Der UVPVwV-Entwurf läßt nicht erkennen, wie dies geleistet werden kann.

## 10.5 Gestaltungsvorschläge

Es drängt sich bei der vorgebrachten grundsätzlichen Kritik die Frage auf, ob und wie Verbesserungen erreicht werden können. Im folgenden sollen daher Ansätze für Verbesserungsmöglichkeiten in einigen beispielhaften Einzelpunkten kurz aufgezeigt werden[7)].

Naheliegende Voraussetzung für eine übergreifende Verfahrensgestaltung ist, daß die Gestaltung von Einzelschritten der UVP stets im Hinblick auf das angestrebte Gesamtergebnis erfolgen sollte. Der Ablauf untergeordneter Teile muß aus übergeordneten Zielen begründet werden. Die enge Beziehung von Teil und Ganzem sollte in der gesamten UVPVwV nicht zuletzt auch – im Sinne der besseren Allgemeinverständlichkeit – durch graphische Hilfsmittel verdeutlicht werden. Beispielsweise bietet sich ein Gesamtablaufdiagramm an, in dem Teile in „darunterliegenden" Ebenen mit zunehmendem Detaillierungsgrad ausgeführt werden. Auf übergeordneter Ebene sollten z.B. Fragen der Integrierung von Ergebnissen in vorgelagerten und Hauptverfahren geregelt werden. Auch können in bestimmten Fällen Iterationsschleifen notwendig werden. Weiterhin erscheint die Gesamtgestaltung auch vor dem Hintergrund der stets vorhandenen Erkenntnislücken und begrenzten Ermittlungskapazitäten unumgänglich. Es ist erforderlich, aus übergeordneter Sicht und Begründung zu entscheiden, welche Teilaspekte der Untersuchungen prioritär abzuwickeln sind und zur Ausfüllung welcher Erkenntnislücken die vorhandenen Kapazitäten eingesetzt werden sollen.

Davon abgeleitet werden dann Einzelschritte geregelt. Dies sei am Beispiel des Scoping-Verfahrens nach §5 UVPG verdeutlicht: Ein erhebliches Problem stellt die Tatsache dar, daß zum Zeitpunkt des Scoping die Informationslage über die voraussichtlichen Umweltauswirkungen noch äußerst beschränkt ist. Um dieses Problem handhabbar zu machen, sollte eine kurze Voruntersuchung, beispielsweise in Form einer Relevanzmatrix, durchgeführt werden, in der sämtliche mögliche Umweltauswirkungen einzelnen Umweltmedien zugeordnet sind. Dabei ist eine Vorauswahl zu treffen nach voraussichtlich irrelevanten Auswirkungen, Auswirkungen mit unzureichender Informationslage, die wahrscheinlich relevant sein werden und relevanten Auswirkungen, über die die Informationslage ausreichend ist (vgl. das Ablauf-Diagramm in Abb. 1). Die als irrelevant erachteten Auswirkungen sind in der zusammenfassenden Darstellung unbedingt zu erwähnen, damit im nachhinein auf der Grundlage einer verbesserten Informationslage eine Überprüfung der Irrelevanz möglich ist.

Im Sinne der in Ziffer 12.4 problematisierten individuellen Gestaltung der Bewertung bei gleichzeitiger Sicherstellung rechtsstaatlicher Handlungsgrundsätze sollte bereits im Scoping-Verfahren – soweit möglich – Klarheit über die der Problemstellung angemessenen Bewertungsverfahren und -kriterien geschaffen werden. Beispielsweise betrifft dies die Frage, inwieweit vorgegebene oder neu abzuleitende Grenzwerte heranzuziehen sind, formalisierte Bewertungsverfahren anzuwenden sind oder verbal formulierte Ziele zu beachten sind. Dabei sollte die Ableitung von Bewertungsmaßstäben im konkreten Verfahren in ein hierarchisches System eingebettet sein, an dessen Spitze übergeordnete Leitbilder und nachfolgend – gegebenenfalls regional differenzierte – Leitlinien stehen können. Erst auf tieferen Ebenen können dann – je nach konkreter Problemstellung – Grenzwerte, Ziel- oder Leitwerte, Umweltqualitätsziele etc. herangezogen oder abgeleitet werden. Die jeweiligen Anforderungen sind im Hinblick auf die darüberliegenden Leitbilder sowie auf rechtliche Anforderungen und Vorgaben zu begründen. Dies dürfte dazu dienen, über Transparenz und Nachvollziehbarkeit Behördenwillkür weitgehend auszuschließen.

Sehr deutlich wird bei den angedeuteten Ablaufdiagrammen, was als Ergebnis aus einem Verfahrensschritt in nachfolgende einfließt. Beispielsweise wird klar, welche Bedeutung der zusammenfassenden Darstellung im Hinblick auf einen gesamthaften UVP-Ansatz zukommt und was in sie einfließen muß. So erscheint es kaum vertretbar, daß bei mehrstufigen Verfahren in der zusammenfassenden Darstellung der letzten Teilzulassung nicht alle Umweltauswirkungen zusammengeführt werden, wie es der UVPVwV-Entwurf vorsieht. Zwar verfügt § 13 Abs. 2 UVPG, daß bei weiteren Teilgenehmigungen nur zusätzliche oder andere Umweltauswirkungen der UVP unterzogen werden, jedoch spricht nichts gegen

**Abb. 1: Beispiel für ein Ablaufdiagramm für den Verfahrensschritt „Scoping"**

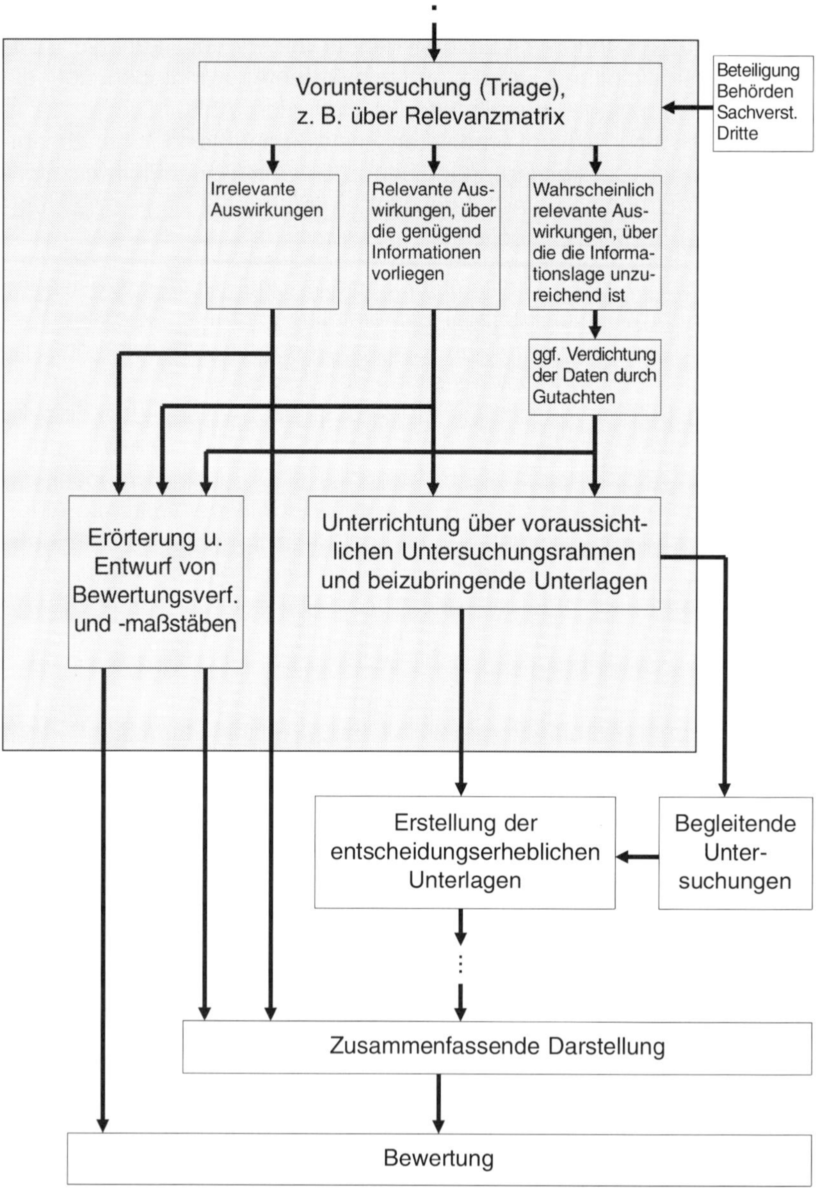

die Zusammenführung aller Auswirkungen in der zusammenfassenden Darstellung der letzten Teilgenehmigung.

Gewisse Anregungen zur Gestaltung der UVPVwV könnten vom Schweizer Regelwerk zur UVP ausgehen. Dort besteht das rechtliche Regelwerk aus drei Elementen: dem Bundesgesetz über den Umweltschutz (USG) vom 7. Oktober 1983, einer Verordnung und aus Richtlinien, nach denen der Bericht über die Umweltverträglichkeit einer Anlage (UVP-Bericht) im Rahmen der nach dem Gesetz obligatorischen UVP zu erstellen ist. Das Bundesamt für Umwelt, Wald und Landschaft hat im Jahre 1990 vorläufige Richtlinien in Form eines Handbuchs erlassen[8)]. Obgleich die Richtlinien, dem gesetzlichen Auftrag entsprechend, zunächst nur die Erstellung des Berichts über die UVP regeln, sind sie doch in hohem Maße auf eine Steuerung des Gesamtvorhabens ausgerichtet. Das UVP-Verfahren wird zunächst insgesamt beschrieben und erläutert, es werden dann Einzelschritte im Hinblick auf das Gesamtziel ausgiebig geregelt. Dabei bedienen sich die Richtlinien verschiedener übergreifender und ausschnittbezogener Ablaufdiagramme und sonstiger Graphiken. Die Vorgehensweise ist in hohem Maße dazu geeignet, auch dem nur beschränkt mit Verwaltungsverfahren einerseits und mit Fachaspekten der Durchführung einer UVP andererseits Vertrauten praxisorientierte Handlungsrichtlinien zu geben. Dies erscheint insbesondere unter Beachtung der erwähnten Mitgestaltungslast des Vorhabenträgers von großer Bedeutung.

Sicherlich wirft das Schweizer Beispiel auch Fragen hinsichtlich der Gesamtsystematik der Regelkreise zur deutschen UVP auf. So ist denkbar, eine relativ knappe Verwaltungsvorschrift und daneben ein ausführliches und allgemeinverständliches Handbuch oder einen Leitfaden zu erstellen. Auch in der bisherigen Debatte zur Konzeption der Regelkreise in der Bundesrepublik tauchten solche Vorschläge bereits auf.

## 10.6 Literatur und Anmerkungen

1) Vgl. Zusammenfassung des damaligen Diskussionsstandes bei: **Eberhardt, A.**: Das Konzept der deutschen Umweltverträglichkeitsprüfung im Lichte der Arbeit internationaler Organisationen, in: Natur und Recht, 13. Jg. (1991), 1–8, Ausführliche Dokumentation ver-

schiedener Positionen bei: **Otto-Zimmermann, K.**, in: Hübler/Otto-Zimmermann (Hrsg.): Umweltverträglichkeitsprüfung, 1989.

2) Es liegen mehrfach überarbeitete Entwürfe des Bundesministers für Umwelt, Naturschutz und Reaktorsicherheit vom 9. Mai 1990, 14. August 1990, 3. Dezember 1990 und 19. Juni 1991 vor.

3) Vgl. beispielhaft **Erbguth, W.**: Das UVP-Gesetz des Bundes: Regelungsgehalt und Rechtsfragen, in: Die Verwaltung (1991), S. 283–324 sowie: **Feldt, W.**: Kritische Anmerkungen zu den geplanten Verwaltungsvorschriften nach UVP-Gesetz, UVP-report 2/90, 13–16.

4) Zu den Anforderungen und Möglichkeiten bei der Verfahrensgestaltung vgl. ausführlich: **Eberhardt, A.**: Verfahrensgestaltung der Umweltverträglichkeitsprüfung, in: Zeitschrift für angewandte Umweltforschung, J. 5 (1992), H. 2, 166–183.

5) Auch Jarass plädiert für die Stärkung der Rolle der federführenden Behörde. Vgl. **Jarass, H. D.**: Grundstrukturen des Gesetzes über die Umweltverträglichkeitsprüfung, in: Natur und Recht, Jg. 13 (1991), 201–207.

6) Vgl. ausführlicher zur Problematik der Mitgestaltungslast: **Eberhardt, A.**: Verfahrensgestaltung der Umweltverträglichkeitsprüfung, a. a. O.

7) Ausführlichere Vorschläge zur Verfahrensgestaltung und Ausgestaltung der UVPVwV finden sich bei: **Eberhardt, A.**: Verfahrensgestaltung der Umweltverträglichkeitsprüfung, a. a. O.

8) Bundesamt für Umwelt, Wald und Landschaft (BUWAL): Handbuch Umweltverträglichkeitsprüfung (UVP) – Richtlinien für die Ausarbeitung von Berichten zur Umweltverträglichkeit gemäß Umweltschutzgesetz vom 7. Oktober 1983, Bern 1990.

# 11. Anforderungen an die UVP-Verwaltungsvorschrift

**Frank Scholles**

## 11.1 Allgemeines

Der Referentenentwurf zur UVPVwV zeichnet sich im Vergleich zu den verschiedenen Arbeitsentwürfen, die von nahezu allen Beteiligten als in der Praxis unbrauchbar bezeichnet worden waren, durch eine nachvollziehbarere Systematik und größtenteils verständlichere Inhalte aus. Daher war es dem UVP-Förderverein möglich, im September 1991 nicht nur allgemeine Kritik anzubringen, sondern auch auf einzelne Regelungen einzugehen und konstruktive Vorschläge zu unterbreiten. Dies geschah in Form einer schriftlichen Stellungnahme sowie mündlich im Rahmen einer Anhörung aller Interessenverbände am 17. Dezember 1991 in Bonn.

Der UVP-Förderverein sieht es mit einer gewissen Genugtuung, daß sich einige seiner Anregungen im Referentenentwurf wiederfinden. Dennoch bleiben wesentliche Kritikpunkte bestehen, so daß der Entwurf immer noch als unzureichend bezeichnet werden muß.

Die folgenden Ausführungen beschränken sich auf die wichtigen Kritikpunkte zu den Definitionen, zur Bewertung und Berücksichtigung der Umweltauswirkungen und zu den Anforderungen an die Umweltbeschaffenheit. Danach soll anhand der Bewertungsmaßstäbe des Bundesnaturschutzgesetz aufgezeigt werden, wie die Bewertung innerhalb der UVP in Zukunft aussehen könnte.

Darüber hinaus hat der UVP-Förderverein noch folgende Mängel des Entwurfs angemahnt: unklare Einleitung der Untersuchung, fehlende Verbindlichkeit der Unterrichtung, Nichtberücksichtigung landschaftspflegerischer Maßnahmen bei der Bestimmung des maßgeblichen Zeitpunkts, Gleichsetzung von erheblichen mit entscheidungserheblichen Sachverhalten, fehlende Aussagen zur Beteiligung von Behörden und Öffentlichkeit, Fehlen einer Verpflichtung zur Variantenprüfung, zusammenfassende Darstellung als behördeninternes Schriftstück, fehlender Record of Decision, Notwendigkeit eines UVP-Zentrums.

## 11.2 Definitionen

### 11.2.1 Umweltvorsorge

Eine Definition des zentralen Begriffs „wirksame Umweltvorsorge“ fehlt in der Verwaltungsvorschrift. Also muß unterstellt werden, daß von bekannten Definitionen wie z. B. in der Fortschreibung des Umweltprogramms 1976 und den Leitlinien Umweltvorsorge der Bundesregierung auszugehen ist. Hier ist ein weit gefaßter Vorsorgebegriff zugrunde gelegt. Durch das Vorsorgeprinzip anzustrebende Ziele sind demnach Sicherung von Gesundheit und Wohlbefinden des Menschen, Erhalten der Leistungsfähigkeit des Naturhaushalts, langfristige Gewährleistung zivilisatorischen Fortschritt und volkswirtschaftlicher Produktivität, Vermeidung von Schäden an Kultur- und Wirtschaftsgütern, Bewahrung von Landschaft, Pflanzen- und Tierwelt. In den Leitlinien umfaßt Vorsorge Gefahrenabwehr, Risikovorsorge und Zukunftsvorsorge. Vorsorge stellt eine Erweiterung des klassischen Gefahrenbegriffs in den Bereich theoretischer Schadensmöglichkeiten dar. Sie kann als Paralleltatbestand zum Gefahrenbegriff Risikominimierung bereits verlangen, wenn kausale, empirische oder statische Kausalzusammenhänge nicht oder nicht hinreichend bekannt oder nachweisbar sind.

Kühling (1992) stellt fest, daß sich der Vorsorgebegriff im Laufe seiner politischen Vereinnahmung immer weiter von dem wegentwickelt hat, was er ursprünglich für die Umweltpolitik bedeutete, nämlich Vermeidung künftiger Umweltgefährdung im Sinne von Prophylaxe.

Beim Vollzug des Umweltrechts wurde das Vorsorgeprinzip in der Regel auf einen konkreten Gefahrverdacht und die Forderung rational zu sichernder Verhältnismäßigkeit der Maßnahmen begrenzt. Wenn man bedenkt, daß Vorsorge sich gerade auf die Risiken bezieht, die in ihrer Größe und Wahrscheinlichkeit noch unbekannt sind, so muß man feststellen, daß die Anwendung des Vorsorgeprinzips durch den Vollzug des Umweltrechts so reduziert wurde, daß sein eigentliches Operationsgebiet außen vor bleibt[16), 19)]. Der Referentenentwurf steht hier offensichtlich in einer gewissen juristischen Tradition. Allerdings weist Engelhardt (1992) in seinem Rückblick auf die Rechtsprechung zum Immissionsschutzrecht darauf hin, daß Vorsorge mehr ist als Prävention, *„vielmehr setzt Vorsorge dort ein, wo für vorbeugende Gefahrenabwehr i. S. von § 5 Abs. 1 Nr. 1 BImSchG kein Raum mehr ist“* . Auch wenn die Definition dieses wichtigsten Prinzips der Umweltpolitik immer noch umstritten ist, so besteht Einigkeit, daß Vorsorge einen vergleichsweise langfristigen Charakter hat und den technischen Fortschritt im Hinblick auf Umweltfreundlichkeit lenken soll[19].

Die UVPVwV stellt ein Beispiel dessen dar, was **Zimmermann** (1990) die „deklamatorische Dominanz des Vorsorgeprinzips" nennt, d. h. es verpflichtet nicht zu direkten Aktivitäten, ist anpassungsfähig, wirkt aber legitimationsfördernd.

Die UVP muß mindestens dem Begriff von Umweltvorsorge genügen, den die politischen Programme der Bundesregierung vorzeichnen; sie darf nicht einen als unzulässige Reduktion erkannten Begriff aus dem Rechtsvollzug zementieren, der inzwischen auch dort nicht mehr verfolgt wird.

### 11.2.2 Auswirkungen auf die Umwelt

Basierend auf dem oben genannten Vorsorgebegriff greift die Definition von Auswirkungen auf die Umwelt in einem Punkt zu kurz. Es muß heißen:

*„Auswirkungen auf die Umwelt sind Veränderungen ..., die von einem Vorhaben im Sinne der Anlage zu § 3 UVPG verursacht werden* ***können.****"*

Die derzeitige Formulierung wird der Eingriffsregelung nach BNatSchG und dem Besorgnisgrundsatz nach WHG ebensowenig gerecht wie dem Urteil des BverWG vom 19. Dezember 85, in dem festgehalten wird, daß auch solche Schadensmöglichkeiten in Betracht gezogen werden müssen, *„die sich nur deshalb nicht ausschließen lassen, weil nach dem derzeitigen Wissensstand bestimmte Ursachenzusammenhänge weder bejaht noch verneint werden können und daher insoweit noch keine Gefahr, sondern nur ein Gefahrenverdacht oder ein ‚Besorgnispotential' besteht".*

Ansonsten muß man die Definition als recht umfassend bezeichnen.

### 11.2.3 Ermittlung und Beschreibung der Umweltauswirkungen

Nach der Definition des Begriffs „Auswirkungen auf die Umwelt" muß die Definition von „Ermittlung und Beschreibung von Umweltauswirkungen" verwirren und enttäuschen: *„Die Ermittlung und Beschreibung von Umweltauswirkungen (§1, 2 Abs. 1 Satz 2 UVPG) ist die Feststellung des für die Anwendung umweltbezogener gesetzlicher Zulässigkeitsvoraussetzungen entscheidungserheblichen Sachverhalts; sie ist für verwaltungsbehördliche Entscheidungen in den in Nummer 0.2.1 genannten Verfahren durch die zuständige Behörde von Amts wegen durchzuführen (Untersuchungsgrundsatz, vgl. §24 VwVfG)."* (UVPVwV, 0.4.5). Zunächst läßt die Formulierung im Hinblick auf Allgemeinverständlichkeit zu wünschen übrig. Aber auch inhaltlich bildet sie nicht das ab, was heute bereits gängige Praxis ist und was der UVP-Förderverein als Mindeststandard fordern muß. Es sollte heißen: *„Die Ermittlung und Beschreibung von Umweltauswirkungen ist die Feststellung der wesentlichen Veränderungen der menschlichen Gesundheit und der physikalischen, chemischen oder biologischen Beschaffenheit einzelner Bestandteile der Umwelt oder der Umwelt insgesamt, die von einem Vorhaben im Sinne der Anlage 3 UVPG verursacht werden können; sie ist ..."*

Bis auf das Wort „wesentlich" bringt die Definition gegenüber der in 0.4.4 nichts Neues, was aber nur folgerichtig ist, weil sich „Ermittlung und Beschreibung" eigentlich von selbst erklärt. Insofern könnte diese Definition auch entfallen.

### 11.2.4 Bewertung der Umweltauswirkungen

Für die Definition der Bewertung der Umweltauswirkungen des Referentenentwurfs trifft fast dasselbe zu wie für die Ermittlung und Beschreibung. *„Die Bewertung von Umweltauswirkungen (§§1, 2 Abs. 1 Satz 2 und 4 UVPG) ist die Auslegung und Anwendung der umweltbezogenen gesetzlichen Zulässigkeitsvoraussetzungen auf den entscheidungserheblichen Sachverhalt; sie erfolgt für verwaltungsbehördliche Entscheidungen in den in Nummer 0.2.1 genannten Verfahren gesondert von der Anwendung anderer Zulässigkeitsvoraussetzungen."* (UVPVwV, 0.4.6). Sachlich angebracht wäre: *„Die Bewertung von Umweltauswirkungen ist der Vergleich der festgestellten und beschriebenen Umweltauswirkungen mit den in Gesetzen, Verordnungen, Richtlinien und politischen Programmen festgelegten Zeiten des Umweltschutzes; sie erfolgt ..."*

### 11.2.5 Umweltverträglichkeitsuntersuchung und Umweltverträglichkeitsstudie

Da die Begriffe „Umweltverträglichkeitsprüfung" (UVP), „Umweltverträglichkeitsstudie" (UVS) und „Umweltverträglichkeitsuntersuchung" (UVU) derzeit nicht einheitlich genutzt werden, muß die UVPVwV hier einem Begriffswirrwarr vorbeugen und Definitionen bringen. Dabei sind die Begriffe UVU und UVS u. e. synonym zu verwenden. *„Mit Umweltverträglichkeitstudie bzw. Umweltverträglichkeitsuntersuchung wird ein Gutachten bezeichnet, das zur Ermittlung, Beschreibung und Bewertung der Umweltauswirkungen erstellt wird."*

## 11.3 Bewertung und Berücksichtigung der Umweltauswirkungen

Der UVPVwV-Entwurf besagt: *„Kriterien für die Bewertung von Umweltauswirkungen sind vor dem Hintergrund einer wirksamen Umweltvorsorge im Sinne des § 1 UVPG für die in § 2 Abs. 1 Satz 2 genannten Schutzgüter die umweltbezogenen gesetzlichen Zulässigkeitsvoraussetzungen für verwaltungsbehördliche Entscheidungen in den in Nummer 0.2.1 genannten Verfahren."* (UVPVwV, 0.8.1.2)

Der Vorschlag des UVP-Fördervereins lautet:

*„Kriterien für die Bewertung von Umweltauswirkungen sind die in Gesetzen, Verordnungen, Richtlinien und politischen Programmen festgelegten Ziele des Umweltschutzes sowie die sie allgemein und im Einzelfall konkretisierenden Umweltqualitätsziele und -standards.*

*Kriterien für die Berücksichtigung der Bewertung bei der Entscheidung über die Zulässigkeit im Hinblick auf eine wirksame Umweltvorsorge im Sinne der §§ 1, 2 Abs. 1 Satz 2 und 4 sind die umweltbezogenen gesetzlichen Zulässigkeitsvoraussetzungen für verwaltungsbehördliche Entscheidungen in den in Nummer 0.2.1 genannten Verfahren."*

Die Formulierung des Referentenentwurfs vermischt die Bewertung mit der Berücksichtigung. Dabei wird der § 12 nicht korrekt interpretiert.

Der zentrale Kritikpunkt ist immer noch, daß die UVP im wesentlichen auf eine Umwelt-Zulässigkeitsprüfung reduziert wird. Das UVPG hat es nicht vermocht, gebundene Entscheidungen durch Ermessensentscheidungen zu ersetzen. Das ist zwar bedauerlich, soll aber hier nicht weiter kritisiert werden. Die Reduzierung der Inhalte der UVP (Grenzwerte, Mindestanforderungen, Beschränkung der heranzuziehenden Sachverhalte) erscheint bei gebundenen Entscheidungen, die eigentlich dem Geiste der EG-Richtlinie und dem amerikanischen Vorbild EIA zuwiderlaufen, geprägt. Wie die Erläuterungen auf Seite 23 des Referentenentwurfs deutlich und richtig aussagen, gibt es darüber hinaus noch Ermessensentscheidungen und Planfeststellungsbeschlüsse, die ganz wesentlich durch Ermessensausübung gekennzeichnet sind.

Es mag zunächst der Eindruck entstehen, daß es bei gebundenen Entscheidungen nach der derzeitigen Rechtslage ausreiche, daß die UVP nur die Zulässigkeit aus Umweltsicht untersucht und sich dabei auf Mindestanforderungen und die für die reine Zulässigkeit notwendigen Gesichtspunkte beschränkt, bei näherer Untersuchung muß man aber darauf stoßen, daß durch das UVPG nur gleichwertige oder weiterreichende Regelungen in Fachgesetzen nicht tangiert werden, ansonsten das UVPG den (Mindest-)Anspruch definiert. Das BImSchG, das vor allem die gebundene Entscheidung vorsieht, ist auf keinen Fall die weitergehende Regelung, und es ist durch nichts begründet, daß die UVPVwV die UVP den BImSchG-Regelungen unterordnet. Diese Unterordnung unter das Primat des Fachgesetzes würde auch der angestrebten Einheitlichkeit der UVP-Anwendung widersprechen, da hierin die Wurzel zur Entwicklung verschiedener „UVP-Welten" liegt.

Bei Ermessens- und Planfeststellungsentscheidungen muß die UVP über die Prüfung der Zulässigkeit hinaus Hinweise zur Ausübung des Ermessens geben. Dazu sind „weitergehende Anforderungen" nötig, wie sie z.B. von Landesämtern für Wasser und Abfall bereits für Genehmigungsverfahren formuliert wurden. Dazu ist außerdem eine andere Definition von „Ermittlung und Beschreibung der Umweltauswirkungen" nötig (s. o.), denn es müssen auch Sachverhalte Berücksichtigung finden, die zwar nicht unmittelbar die Zulässigkeit im Sinne von Ja/Nein-Kriterien beeinflussen, sondern weitere Gesichtspunkte liefern, die die Ausfüllung eines Ermessensspielraums erst ermöglichen. Letztere bilden auch erst einen ökosystemaren Ansatz; ein Abhaken von Ja/Nein-Kriterien hat mit einem ökosystemaren Ansatz nichts zu tun.

Die Verwaltungsvorschrift beruht auf einer Interpretation von § 12 UVPG, die der UVP-Förderverein nicht teilen kann. § 12 sagt aus: *„Die zuständige Behörde bewertet die Umweltauswirkungen des Vorhabens auf* *der Grundlage der zusammenfassenden Darstellung nach § 11* ***und*** *berücksichtigt diese Bewertung bei der Entscheidung über die Zulässigkeit des Vorhaben im Hinblick auf eine wirksame Umweltvorsorge im Sinne der § 1, 2 Abs. 1 Satz 2 und 4 nach Maßgabe der geltenden Gesetze.“* (Hervorh. durch d. Verf.) § 12 vereinigt folglich zwei Schritte (Bewertung und Berücksichtigung, das geht auch aus dem Titel hervor), die nicht vermischt werden sollten Das bedeutet, daß sich die Klausel „nach Maßgabe der geltenden Gesetze“ **nicht** auf die Bewertung, sondern nur auf die Berücksichtigung bezieht. Regelungen wie 0.8.1.2 vermischen hier jedoch den ersten mit dem zweiten Halbsatz und beziehen die Grundsätze für die Berücksichtigung auf die Bewertung.

## 11.4 Anforderungen an die Umweltbeschaffenheit

Der Referentenentwurf will lediglich Mindestanforderungen heranziehen und läßt außerdem Entwicklungspotentiale unberücksichtigt. Der Vorschlag des UVP-Fördervereins zu Nummer 8.1.2.3 lautet:

*„Bei der Bewertung der Umweltauswirkungen sind unter Berücksichtigung der Vorbelastungen und der Entwicklungspotentiale die im Anhang angegebenen Mindestanforderungen und weitergehenden Anforderungen an die Umweltbeschaffenheit anzuwenden. Die Anforderungen dienen der Orientierung (Orientierungswert) und sind daher nicht verbindlich. Die Nichteinhaltung von Mindestanforderungen ist im Einzelfall nachvollziehbar zu begründen.“* Mit Mindestanforderungen allein kommt man nicht aus (s. o.), wenn man Umweltvorsorge so auffaßt, wie in Kapitel 11.2 dargestellt. Mindestanforderungen dienen der Gefahrenabwehr und sind nicht mehr abwägungsfähig. Die UVP muß weitergehende Anforderungen heranziehen, um Risikovorsorge und vor allem Zukunftsvorsorge betreiben zu können. Diese Forderung bedeutet, daß im Anhang neben Mindestanforderungen weitergehende Anforderungen aufzunehmen sind.

Die Anforderungen an die Umweltbeschaffenheit im Anhang der VwV zeichnen sich durch eine starke Heterogenität und zum Teil Inkompatibilität zwischen den Umweltbereichen aus.

Die Anforderungen an Natur und Landschaft definieren raumbezogene Mindeststandards (schutzwürdige Gebiete), basieren auf Umweltfunktionen und sind systematisch aufgebaut, für Fließgewässer wird lediglich das Ziel Güteklasse II vorgegeben und der weiteren Auflistung die Systematik der Bewirtschaftungsplanung zugrunde gelegt, die Mindestanforderungen an die Bodenbeschaffenheit nennen numerativ Orientierungswerte für Stoffe, ohne auf Wechselwirkungen einzugehen und die Mindestanforderungen an die Luftbeschaffenheit sind die Grenzwerte insbesondere der TA-Luft, die ebenfalls ökosystemare Gesichtspunkte weitgehend ausklammern.

Klima, Stillgewässer, Grundwasser, Meere, Geräusche fehlen vollständig im Anhang der VwV.

Die TA-Luft sowie einige Bewertungsmaßstäbe aus der Bewirtschaftungsplanung sind für die UVP untauglich, weil sie bereits mit anderen als Umweltinteressen, insbesondere mit Wirtschaftsinteressen abgewogen sind. Hoppe und Appold (1991) stellen richtig fest, daß eine Abwägung mit anderen Belangen dem Zweck der UVP widerspricht, die eine eigenständige, exklusive Darstellung und isolierte Bewertung der Umweltauswirkungen will. Die Folge dieser Feststellung, die Unanwendbarkeit nahezu aller nationaler Standards (mit Ausnahme der Standards der Landschaftsplanung ) wird von Hoppe und Appold zwar gesehen, mit letzter Konsequenz aber noch nicht durchgehalten. Allerdings wollen sie abgewogene Standards als negatives Prüfraster, d. h. als sicheres Indiz für eine Umweltunverträglichkeit bei Überschreitung sehen. Das heißt, auch hier wird implizit die Forderung nach weitergehenden Anforderungen erhoben.

Als Schutzgüter werden im Anhang des Referentenentwurfs bei Fließgewässern neben solchen, die durch §2 UVPG abgedeckt sind, auch Nutzungen wie Berufsfischerei, Bewässerung landwirtschaftlicher Flächen und Trinkwassergewinnung, genannt, die vor allem wirtschaftliche Interessen verfolgen. Diese sind sicherlich durch die Bewirtschaftungsplanung zu berücksichtigen, auf keinen Fall jedoch durch die UVP. Eine Bewässerung landwirtschaftlicher Flächen läuft sogar in der Regel Umweltschutzinteressen zuwider; sie als Schutzgut zu bezeichnen, ist ein Faux pas, der unbedingt bereinigt werden muß. Bereits die Verwendung abgewogener Standards ist fragwürdig; eine explizite Einbeziehung ökonomischer Gesichtspunkte in die UVP ist jedoch unbedingt zu vermeiden.

Darüber hinaus kann eine Bewertung, die für sich in Anspruch nimmt, ökosystemar angelegt zu sein, nicht alle aquatischen Lebensgemeinschaften gleich behandeln, wenn es um Mindestanforderungen geht.

Lebensgemeinschaften des Rhitral haben andere Mindestanforderungen als solche des Potamals. Daher sind die Mindestanforderungen zu differenzieren. Diese Gesichtspunkte kommen nur teilweise durch die Mindestanforderungen an Natur und Landschaft in die Bewertung hinein, da diese nur bei einem Eingriff zum Tragen kommen und nicht alle Fließgewässer abdecken.

Beim Thema Boden wäre eine Auswahl unter bestimmten Bedingungen anwendbarer Werte anzustreben. Der Verweis auf den Standardboden hilft in der Praxis absolut nicht weiter, denn einen Boden mit 3% Humus, 25% Ton und pH 6 dürfte in der Regel eben nicht vorliegen. Zusätzlich müssen die mit der Anwendung der Werte verbundenen Unsicherheiten genannt werden.

Es findet sich in der VwV kein Hinweis darauf, in welche Richtung eine (zumeist notwendige) Anpassung der angegebenen Werte an die Bedingungen des real vorliegenden Bodens vorzunehmen ist, wie umgerechnet werden muß bzw. wer als Ansprechpartner herangezogen werden könnte. Die Werte müssen unbedingt differenziert werden.

Außerdem bestehen grundsätzliche Bedenken bei pauschaler Verwendung von Umweltstandards[10)], insbesondere in „Laienhänden".

## 11.5 Umsetzung der Bewertung nach Maßgabe der Fachgesetze am Beispiel der Naturschutzgesetze

Im Gegensatz zu den Umweltverbänden hat sich die Mehrheit der publizierenden Umweltjuristen zu einer Interpretation des § 12 UVPG entschieden, die den Passus *„im Hinblick auf eine wirksame Umweltvorsorge ... nach Maßgabe der geltenden Gesetze"* sowohl auf die Bewertung als auch auf die Berücksichtigung bezieht[15), 17)]. Damit wird dem UVPG lediglich die Funktion einer gesetzlichen Auslegungsregel zuerkannt[7)]. Der Unterschied zwischen den beiden Vorgängen besteht darin, daß die Bewertung nur Maßstäbe, die ausschließlich Umweltbelange berücksichtigen, zur Grundlage hat, während bei der Berücksichtigung im Rahmen der Abwägung alle Belange zum Zuge kommen.

Wie eine solche Bewertung nach Maßgabe der Fachgesetze aussehen kann, soll im folgenden am Beispiel eines Fachgesetzes, des Bundesnaturschutzgesetzes, analysiert werden. Daß eine solche UVP eine erhebliche Reduktion des eigentlichen UVP-Gedankens darstellt, alle Umweltauswirkungen umfassend auf den Tisch zu legen, soll hierbei unberücksichtigt bleiben (die Unvollständigkeit der bundesdeutschen Umweltgesetze bezüglich der Schutzgüter der EG-Richtlinie und des UVPG dürfte unbestritten sein).

Unstrittig ist, daß die besonders geschützten Biotope nach §20c BNatSchG und den entsprechenden Paragraphen der Ländernaturschutzgesetze Bewertungsmaßstäbe im Sinne des UVPG darstellen. Auch aus fachlicher Sicht können diese Maßstäbe als nicht abgewogene Standards akzeptiert werden.

Die Bewertung und Berücksichtigung aufgrund des Maßstabs „besonders geschützter Biotop“ ist in Abbildung 1 dargestellt. Zunächst ist also die Frage zu stellen, ob ein besonders geschützter Biotop durch das Projekt zerstört oder sonstwie erheblich oder nachhaltig beeinträchtigt werden kann. Nach §20c BNatSchG sind solche Maßnahmen (Projekte) unzulässig. Die Definition der Biotoptypen wurde von der BFANL vorgenommen[12)]. Die Länder haben z. T. erweiterte Listen und abweichende Definitionen, so daß im Einzelfall hier nachgelesen werden muß. Wenn kein besonders geschützter Biotop betroffen ist, wird der Belang nicht berührt (Bewertung) und das Projekt wäre für diesen Maßstab genehmigungsfähig (Berücksichtigung). Wenn nun ein solcher Biotop betroffen ist, müssen auf jeden Fall die Ländergesetze hinzugezogen werden, weil sie nach §20c Abs. 2 Ausnahmen zulassen können. Das NdsNatSchG z.B. sieht vor, auf Antrag Ausnahmen vom Verbot der Zerstörung/Beeinträchtigung zuzulassen, wenn die Beeinträchtigungen durch Ausgleichsmaßnahmen ausgeglichen werden oder die Ausnahmen aus überwiegenden Gründen des Allgemeinwohls notwendig sind.

Also ist zunächst die Frage zu stellen, ob ein Antrag auf Ausnahme gestellt wurde. Ist dies nicht der Fall, ist das Projekt als Ganzes umweltunverträglich (Bewertung) und nicht genehmigungsfähig (Berücksichtigung). Wurde ein Antrag gestellt, ist zu fragen, ob die Beeinträchtigungen ausgeglichen werden. Wenn nicht, ist das Projekt als Ganzes umweltunverträglich (Bewertung), wenn ja, kann die Ausnahme zugelassen werden. Hier liegt ein Ermessen der Naturschutzbehörde vor. Diese kann den Ausgleich akzeptieren, womit das Projekt den Maßstab einhält und insoweit umweltverträglich ist, wenn die Ausgleichsmaßnahme dies auch ist (Bewertung), und mit den Ausgleichsmaßnahmen

**Abb. 1: Besonders geschützte Biotope nach § 20c BNatSchG in Verbindung mit § 12 UVPG**

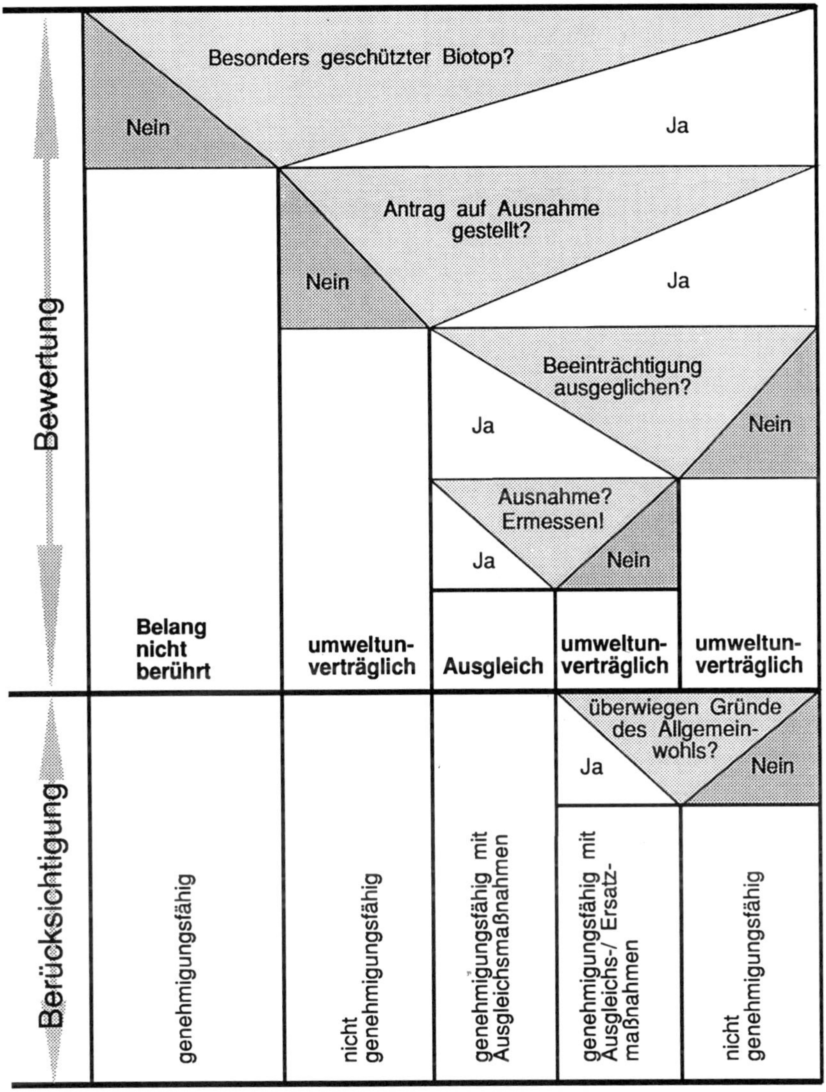

als für den Maßstab genehmigungsfähig anzusehen ist (Berücksichtigung).

Der zweite Ausnahmegrund (überwiegende Gründe des Allgemeinwohls) setzt eine Abwägung mit anderen als Umweltbelangen voraus und kann damit nicht Maßstab für die UVP sein. Das Projekt bleibt also umweltunverträglich. Dieser Maßstab kann nur bei der Berücksichtigung herangezogen werden, d. h., das Projekt kann dennoch unter Auflagen (Ausgleichs-, Ersatzmaßnahmen) genehmigt werden.

Ähnlich ist der Ablauf im Fall von Eingriffen nach §8 BNatSchG (vgl. Abbildung 2). Hier ist zunächst die Frage zu stellen, ob ein Eingriff vorliegt, d. h. ob a) eine Nutzungs- oder Gestaltänderung von Grundflächen vorliegt, die b) die Leistungsfähigkeit des Naturhaushalts oder das Landschaftsbild erheblich oder nachhaltig beeinträchtigen kann.

Ist dies nicht der Fall, ist der Belang nicht berührt (Bewertung) und das Projekt insofern genehmigungsfähig (Berücksichtigung). Liegt ein Eingriff vor, ist zu fragen, ob die Beeinträchtigungen vermeidbar sind (und eine behördliche Bewilligung usw. nötig ist – das sei für UVP-pflichtige Projekte prinzipiell unterstellt). Sind die Beeinträchtigungen vermeidbar, muß die Vermeidung gefordert werden (Bewertung) und das Projekt ist genehmigungsfähig mit Auflagen, die zur Vermeidung verpflichten (Berücksichtigung).

Sind die Beeinträchtigungen nicht vermeidbar, ist zu fragen, ob der Eingriff ausgleichbar ist. Was Ausgleich bedeutet, ist vergleichsweise gut definiert und in der Fachwelt ausführlich diskutiert (s. u.). Wird der Eingriff ausgeglichen, erfüllt das Projekt mit den Ausgleichsmaßnahmen den Maßstab und ist insofern genehmigungsfähig, wenn die Ausgleichsmaßnahmen in einem landschaftspflegerischen Begleitplan ausgewiesen werden.

Ist der Eingriff weder vermeidbar noch ausgleichbar, dann ist das Projekt als Ganzes umweltunverträglich!

Nach §8 Abs. 3 BNatSchG ist der Eingriff dann zu untersagen. Die Abwägung, ob die Belange des Naturschutzes und der Landschaftspflege dem Range nach vorgehen, bezieht andere als Umweltbelange mit ein und ist damit kein Maßstab für die UVP. In diese Abwägung sind sogar nicht nur die öffentlichen Belange einzubeziehen, sondern auch die eventuellen privaten, wirtschaftlich bestimmten Interessen an der Vornahme des Eingriffs[12)], also die des Projektträgers. Die Frage nach

**Abb. 2: Eingriffsregelung nach § 8 BNatSchG in Verbindung mit § 12 UVPG**

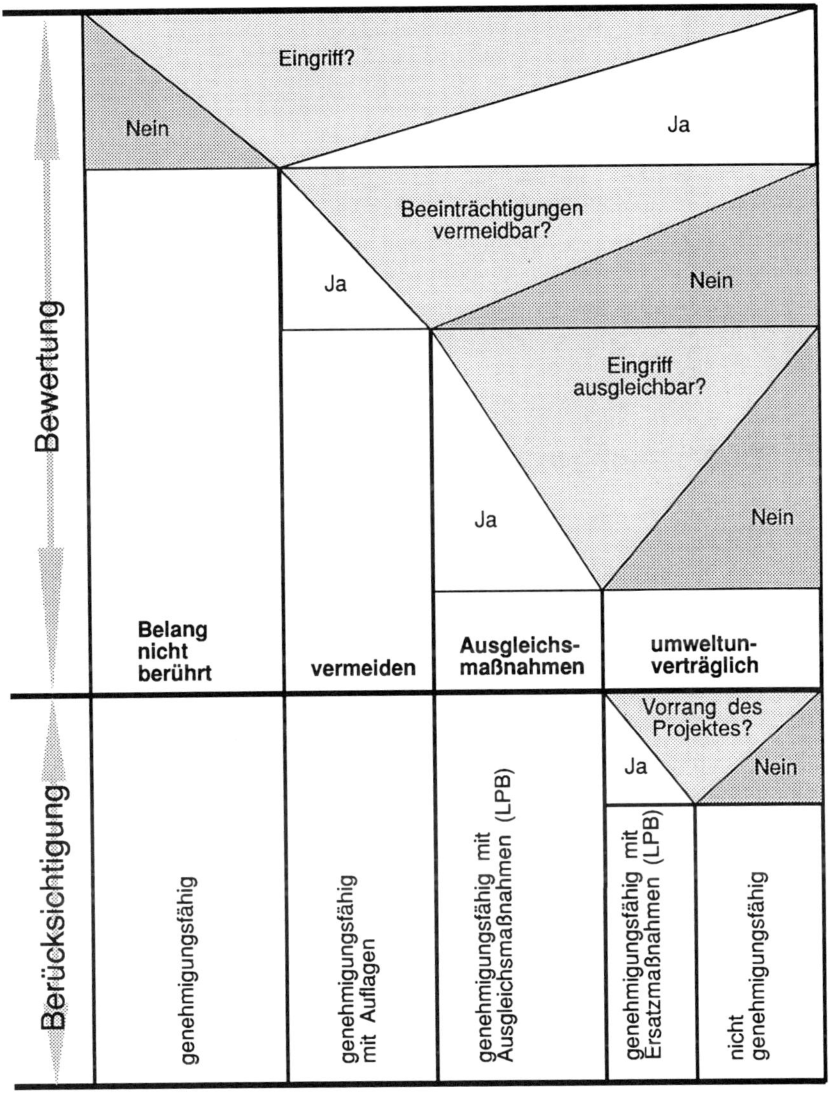

dem Vorrang des Projekts stellt sich also nicht bei der Bewertung, sondern erst bei der Berücksichtigung. Führt die Abwägung hier zu dem Ergebnis, daß das Projekt vorgeht, ist das Projekt mit Ersatzmaßnahmen genehmigungsfähig. Ansonsten ist es als Ganzes nicht genehmigungsfähig.

Nach diesem Muster sind in der UVP nach UVPG alle gesetzlichen Bewertungsmaßstäbe abzuarbeiten. Daraus folgt, daß im wesentlichen Ja/Nein-Fragen zu stellen sind.

In einigen Fällen ist aber auch ein Ermessen auszuüben (s. §28a NdsNatSchG). Darüber hinaus ist bei der Abwägung, ob die Belange von Naturschutz und Landschaftspflege dem Range nach vorgehen, auch die Schwere des Eingriffs einzubeziehen[12)]. Für diese Ermessensentscheidungen braucht man differenziertere als Ja/Nein-Aussagen.

## 11.6 Anmerkungen zur praktischen Durchführung

Vor allem bei der Anwendung der Ausgleichsregelung im Rahmen der UVP sind einige Anmerkungen nötig.

Von Gestalt- oder Nutzungsänderungen, mit denen erhebliche Beeinträchtigungen einhergehen, ist bei UVP-pflichtigen Verfahren in der Praxis wohl regelmäßig auszugehen. Insofern ist die Bewertung „Belang nicht berührt“ nur theoretisch möglich. Was demnach im Rahmen der UVP, und damit mit Hilfe einer UVU, festgestellt werden muß, ist, ob die vom Vorhabenträger vorgeschlagenen Vermeidungs- und Ausgleichsmaßnahmen die Beeinträchtigungen wirklich vermeiden bzw. den Eingriff im erforderlichen Maße ausgleichen können. Das heißt, daß festgestellte Beeinträchtigungen als vermeidbar, ausgleichbar oder nicht ausgleichbar klassifiziert werden müssen, damit die Bewertung nach §12 UVPG in Verbindung mit §8 BNatSchG erfolgen kann. Eine ordinale Klassifizierung (hoch, mittel, gering) hilft nicht weiter, weil Ja/Nein-Fragen zu beantworten sind. Erst bei der Abwägung, die nicht Teil der UVP ist, stellt sich die Frage nach der Schwere des Eingriffs, die mit ordinal skalierten Wertstufen beantwortet werden kann. Dann braucht man also mehr als die Aussage ausgleichbar/nicht ausgleichbar. Es stellt sich damit die Frage, ob zur Beantwortung der Frage nach der Schwere des Eingriffs (und bei anderen Abwägungsfragen) die im Rahmen der UVP durchgeführte UVU Antworten geben soll oder ob für die Abwägung ein neues Gutachten in Auftrag gegeben werden soll. Im Sinne der Verfahrensökonomie wäre ersteres Vorgehen wahrscheinlich sinnvoller, auch wenn dies nicht dazu führen darf, Bewertungen zu ändern. Es erscheint deshalb unerläßlich, in Zukunft stärker als bisher zwischen Ausgleichs- und Ersatzmaßnahmen zu differenzieren.

Im folgenden soll der Frage nachgegangen werden, was vermeidbar und ausgleichbar bedeutet.

Vermeidbar ist eine Beeinträchtigung dann, wenn sie aufgrund mehr oder weniger umfangreicher und kostspieliger Änderungen am Projekt nicht auftritt. Nach Klodziejcok u. Recken (1977) gibt es solche Projekte durchaus. Allerdings muß hier der Verhältnismäßigkeitsgrundsatz angewendet werden.

Ausgleich ist nur mit praktischen Maßnahmen des Naturschutzes möglich. Diese Maßnahmen müssen die Auswirkungen des Eingriffs auf Naturhaushalt und Landschaftsbild beseitigen und zwar im selben Landschaftsraum. Es muß eine eindeutige Ursache-Wirkung-Beziehung zwischen Ausgleichsmaßnahme und Beseitigung der konkreten Beeinträchtigung bestehen. In der Regel kann es sich hier nur um eine Wiederherstellung handeln; nur beim Landschaftsbild ist eine Neugestaltung zulässig[12)]. Da ein Ausgleich im naturwissenschaftlichen Sinn, d. h. eine identische Wiederherstellung am selben Ort zur selben Zeit, nie möglich ist (das wäre Vermeidung), wurde aus der fachlichen Überlegung heraus das Konzept des funktionalen Ausgleichs entwickelt, das darauf abzielt, die nachgefragten bzw. benötigten Leistungen des Naturhaushalts im örtlichen Zusammenhang und innerhalb einer für die Betroffenen erreichbaren Frist wiederherzustellen[13)]. Das bedeutet, daß Eingriffs- und Ausgleichsort zwar nicht unbedingt identisch sein müssen, daß aber die hergestellte Leistung mit der vorherigen übereinstimmen muß und daß die betroffenen Organismen zum neuen Ort wandern können müssen. So ist auch die Ursache-Wirkung-Beziehung bei Kolodziejcok und Recken auszulegen.

Aus diesem Zusammenhang wiederum ergeben sich Folgerungen für die Datenerhebung im Rahmen der UVP: Da es erheblich ist (hier denn auch entscheidungserheblich), welche Leistungen vor dem Eingriff erbracht werden, muß z.B. untersucht werden, welche Tier- und Pflanzenarten mit welcher Bedeutung (Abundanz, Populationsgröße, Seltenheit, Repräsentanz usw.) vorkommen und ob diese Tierarten Nahrungs-, Brut- oder Rasthabitat haben, welche Böden mit welcher

Bedeutung vorkommen, wie das Wasserangebot aussieht, welche klima- und lufthygienische Bedeutung vorliegt. Nicht zuletzt ist auch das Landschaftsbild zu erheben und zu beschreiben. Die Anforderungen an die fachlichen Beiträge sind von der AG „Eingriffsregelung" der Landesanstalten/-ämter für Naturschutz und Landschaftspflege und der BFANL (1988) zusammengestellt und empfohlen worden.

Für größere Projekte, um die es in der Regel bei der UVP nach dem UVPG geht, dürfte die Vermeidbarkeit von Beeinträchtigungen bzw. die Ausgleichbarkeit des Eingriffs die Ausnahme und die Umweltunverträglichkeit des ganzen Projekts aufgrund des Bewertungsmaßstabs Eingriffsregelung die Regel sein, wenn das Ziel der funktional identischen Wiederherstellung ernst genommen wird. Bei der Bewertung spielt es keine Rolle, wie umweltunverträglich das Projekt bzw. die Alternativen sind; es geht nur noch darum, ob das Projekt umweltunverträglich ist. Damit kann eine Bewertung nach §12 UVPG nicht die relativ verträglichste von mehreren Varianten als umweltverträglich bezeichnen oder zur Ausführung empfehlen, wenn alle Varianten einen nicht vermeidbaren und nicht ausgleichbaren Eingriff darstellen.

Die Erfahrung mit dieser Interpretation des §12 UVPG muß zeigen, welcher Anteil untersuchter Vorhaben dann überhaupt noch als umweltverträglich bezeichnet werden kann, wohin eine solche Bewertung führt und ob man nicht doch die andere Interpretation des §12 UVPG vorzieht.

## 11.7 Literatur


1) Allgemeine Verwaltungsvorschrift zur Ausführung des Gesetzes über die Umweltverträglichkeitsprüfung (UVPVwV). Referentenentwurf v. 19. Juni 1991, Manuskript.

2) Gesetz über Naturschutz und Landschaftspflege (Bundesnaturschutzgesetz) (BNatSchG) vom 20. Dezember 1976, i.d.F. vom 12. Februar 1990.

3) Gesetz über die Umweltverträglichkeitsprüfung (UVPG) vom 13. Februar 1990.

4) Niedersächsisches Naturschutzgesetz (NdsNatSchG) vom 20. März 1990, i.d.F. vom 2. Juli 1990.

5) Richtlinie des Rates über die Umweltverträglichkeitsprüfung bei bestimmten öffentlichen und privaten Projekten (85/337/EWG) vom 27. Juni 1985.

6) Arbeitsgruppe „Eingriffsregelung“, 1988: Empfehlungen zum Vollzug der Eingriffsregelung. Natur und Landschaft 63, (5), 220 ff.

7) **Bohne, E.**, 1991: Umweltrechtliche Rechts- und Verwaltungsvorschriften auf dem Prüfstand – Erfahrungen aus einem Planspiel mit Ausführungsvorschriften zum UVP-Gesetz und zum Bundes-Immissionsschutzgesetz, in: Kloepfer, M. (Red.): Jahrbuch des Umwelt- und Technikrechts 1991, 21–71, Düsseldorf (Umwelt- und Technikrecht, 15).

8) **Di Fabio, U.**, 1991: Entscheidungsprobleme der Risikoverwaltung. Natur und Recht 13, (8), 353–359.

9) **Engelhardt, H.**, 1992: Aus der Rechtsprechung zum Immissionsschutzrecht. Natur und Recht 14, (3), 108–113.

10) **Fürst, D.; Kiemstedt, H.; Gustedt, E.; Ratzbor, G.; Scholles, F.**, 1989: Umweltqualitätsziele für die ökologische Planung. Forschungsbericht 109 01 008, Hannover.

11) **Hoppe, W.; Appold, W.**, 1991: Umweltverträglichkeitsprüfung – Bewertung und Standards aus rechtlicher Sicht. Deutsches Verwaltungsblatt 106, (22), 1221–1225.

12) **Kolodziejcok, K.-G.; Recken, J.**, 1977 ff.: Naturschutz, Landschaftspflege und einschlägige Regelungen des Forstrechts. Ergänzbarer Kommentar, Berlin.

13) **Krause, C. L.; Winkelbrandt, A.**, 1982: Diskussionsbeitrag zur Bestimmung von Eingriff, Ausgleich und Ersatz. Natur und Landschaft 57, (1), 392–394.

14) **Kühling, W.**, 1992: Notwendige Anmerkungen zum Entwurf der Allgemeinen Verwaltungsvorschrift zur Ausführung des Gesetzes über die Umweltverträglichkeitsvorschrift. UVP-Report 6, (1), 2–6.

15) **Peters, H.-J.**, 1992: Umweltvorsorge als rechtlicher Bewertungs- und Handlungsrahmen. Vortrag beim 2. Except-Workshop „Umweltbewertung“ am 20. Februar in Hamburg-Harburg.

16) **Rehbinder, E.**, 1988: Vorsorgeprinzip im Umweltrecht und präventive Umweltpolitik, in: Simonis, U. E. (Hrsg.): Präventive Umweltpolitik, 129–141, Frankfurt.

17) **Steinberg, R.**, 1990: Die Bewertung der Umweltauswirkungen eines Vorhabens nach dem Gesetz über die Umweltverträglichkeitsprüfung. Deutsches Verwaltungsblatt 105, (24), 1369–1375.

18) **UVP-Förderverein**, 1992: Stellungnahme des UVP-Fördervereins zum Referentenentwurf zur Allgemeinen Verwaltungsvorschrift zur Ausführung des Gesetzes über die Umweltverträglichkeitsprüfung (UVPVwV). UVP-report 6, (1), 17–30.

19) **Zimmermann, K.**, 1990: Vorsorgeprinzip und „präventive" Umweltpolitik: Abgrenzungsversuche zum Sinn und Unsinn eines politischen Begriffs, in: Zimmermann, K.; Hartke, V. J.; Ryll, A.: Ökologische Modernisierung der Produktion. Strukturen und Trends 19–82, Berlin.

# Wird die UVP wegbeschleunigt? Von der Wirkung des Verkehrswegebeschleunigungsgesetzes und der Maßnahmegesetze

# 12. Verfahrensbeschleunigung und Umweltfeindlichkeit

**Julian Würtenberger**

„Probleme sind dazu da, gelöst zu werden". Warum soll dies nicht auch in der Verkehrspolitik gelten? Im Dreiklang Verkehrsvermeidung, Verkehrsverlagerung und Verkehrsoptimierung hat neben vielen anderen Maßnahmen auch der Aspekt des Infrastrukturausbaues seinen Platz – gewiß mit einem Schwerpunkt bei Schiene und Wasserstraßen, aber auch bei der Straße, z. B. Ortsumgehungen und Kapazitätserweiterungen wenigstens einiger besonders neuralgischer Streckenabschnitte. Wer meint, die Verkehrsprobleme müssen nicht mit Infrastrukturausbau gelöst werden, kann hier mit dem Denken abbrechen. Für die, die nicht so denken, sei folgendes gesagt:

## 12.1 Länge der Planungen

Die Verwaltungsverfahren, mit denen Baumaßnahmen genehmigt werden, dauern in der Bundesrepublik allgemein zu lange. Dies gilt in besonderem Maße auch für den Bereich der Verkehrsinfrastruktur. Dies wird bei einem Vergleich zwischen der idealtypischen Verfahrensdauer und den tatsächlichen Verfahrensdauern im Verkehrsbereich offensichtlich. Die Phasen der Voruntersuchungen, des Raumordnungsverfahrens, der Linienbestimmung, der Aufstellung des Vorentwurfs einschließlich der Entwurfsgenehmigung und des Planfeststellungsverfahrens dauern bei Verfahren von mittlerer Komplexität im Idealfall Jahre. Der Idealfall ist in der Praxis aber leider selten. Eine nicht ganz repräsentative, aber dennoch aussagekräftige Untersuchung des Verkehrsministeriums aus dem Jahr 1991[1)] ergab, daß die Verfahren bei Bundesfernstraßen im Schnitt etwa 17 Jahre und bei Landesstraßen im Schnitt etwa 20 Jahre dauern, wobei z. B. bei den Bundesfernstraßen die Bandbreite zwischen 7 und 32 Jahren gelegen hat.

## 12.2 Ursachen der Verfahrensverzögerung

Die Ursachen der Verfahrensverzögerungen sind sicherlich vielgestaltig. Natürlich liegen viele Mängel im rein administrativen Bereich und zwar sowohl bei der planenden Behörde wie auch bei der Anhörungs- und Planfeststellungsbehörde. Ein weiterer Grund liegt in den sich immer weiter ausdehnenden planungsrechtlichen Vorschriften, die in immer kürzeren Abständen geändert werden. Schließlich tragen aber auch das geltende Verwaltungsverfahrens- und Planfeststellungsrecht mit dem integrierten Rechtsschutz für den einzelnen Bürger einen Teil zu Verfahrensverzögerungen bei. Neben der Frage nach administrativen Verbesserungen im Verfahrensmanagement muß daher auch die Frage nach einer Schaffung der gesetzgeberischen Rahmenbedingungen der Genehmigungsverfahren gestellt werden.

## 12.3 Ein besseres Management ersetzt keine besseren Gesetze

Das Thema Verfahrensbeschleunigung hat durch die deutsche Einheit neue Aktualität erhalten. Wesentlicher Ansatzpunkt ist die Angleichung der Lebensverhältnisse in den neuen Bundesländern. Hierfür müssen auch die Infrastrukturen bei Schiene und Straße verbessert werden. Dies war Ausgangspunkt für das im Dezember 1991 in Kraft getretene Verkehrswegeplanungsbeschleunigungsgesetz für die neuen Bundesländer und für das Vorhaben, Verkehrsprojekte durch Gesetz zu genehmigen („Investitionsmaßnahmegesetze"). Die Rezepte für die neuen Länder können aus den verschiedensten Gründen nur sehr eingeschränkt auf die alten Bundesländer übertragen werden[2)]. Verkehrsminister aller Länder waren sich aber bereits Anfang 1991 einig, daß die Verfahren auch in den alten Bundesländern zu lange dauern und beschleunigt werden müssen.

Die Ergebnisse einer Arbeitsgruppe der Verkehrsministerkonferenz sind von den Ländern Bayern und Baden-Württemberg im Mai 1991 als Gesetzesantrag im Bundesrat[3)] eingebracht worden. Das Land Baden-Württemberg hat gleichzeitig entschieden, im eigenen Land und im eigenen Zuständigkeitsbereich mit gutem Beispiel voranzugehen und die Beschleunigungsvorschläge der Verkehrsministerkonferenz auch für den eigenen Bereich umzusetzen. Diese Bemühungen haben in das vom baden-württembergischen Landtag am 20. Februar 1992 beschlossene Beschleunigungsgesetz gemündet[4)].

Gegenstand des Landesbeschleunigungsgesetzes und auch der Bundesratsinitiative für die Änderung des Bundesrechtes sind

- die Einführung der einfacheren Plangenehmigung für die geringe Zahl unkomplizierter Fälle,
- die gesetzliche Bestimmung von Stellungnahme- und Entscheidungsfristen der Behörden,
- die Begrenzung der richterlichen Aufhebung von Entscheidungen bei nicht ergebnisrelevanten Form- und Abwägungsfehlern,
- die Einführung der materiellen Präklusion.

## 12.4 Projekt- und Akzeptanzmanagement als Mittel der Verfahrensbeschleunigung

Baden-Württemberg hat sich nicht nur mit diesen gesetzgeberischen Maßnahmen begnügt. Insgesamt 31 vorwiegend im administrativen Bereich angesiedelte Vorschläge[5)] werden derzeit in Verwaltungsvorschriften und Handlungsrezepte für die beteiligten Behörden umgesetzt. Auch mit diesem Instrumentarium soll erreicht werden, daß Verfahren schneller abgewickelt werden können.

Vorgeschlagen wurden Verwaltungsregelungen zur Verfahrensbeschleunigung, die bewährte Methoden des Projektmanagements aus der freien Wirtschaft auf die öffentliche Verwaltung übertragen. Bei prioritären Verkehrsprojekten sollten daher ein Projektmanager mit weitreichenden Kompetenzen eingesetzt, eine Projektgruppe aus allen berührten Verfahrensbeteiligten gebildet und alle beteiligten Behörden durch Regierungsbeschluß zur vorrangigen Behandlung bestimmter Vorhaben veranlaßt werden.

In Ergänzung zu einem besseren Verfahrensmanagement ist auch ein „Akzeptanzmanagement" notwendig[6)]. Die Akzeptanz für notwendige Verkehrsinfrastrukturprojekte kann nur wiederhergestellt werden, wenn die betroffenen Bürger rechtzeitig und offen in den Planungs- und Entscheidungsprozeß eingebunden werden. Dies bedeutet für die planende Verwaltung, möglichst frühzeitig die Öffentlichkeit zu suchen und Alternativen offen zu planen. Wichtig ist vor allem auch eine enge Kooperation mit der kommunalen Ebene. Nicht weniger Bürgerbeteiligung ist das Ziel der Verfahrensbeschleunigung, sondern die rechtzeitige Bürgerbeteiligung zum Abbau von Konfliktpotential.

## 12.5 Eingriff in Umweltstandards und Beschränkung der Umweltverträglichkeitsprüfung

Die von Baden-Württemberg und Bayern auf Bundesebene eingebrachten Beschleunigungsvorschläge haben faktisch keine Auswirkungen auf das Verfahren der Umweltverträglichkeitsprüfung. Das Land hat vorgeschlagen, bei Bundesfernstraßen auf die Linienbestimmung zu verzichten. Beim Raumordnungsverfahren und der darin eingeschlossenen Umweltverträglichkeitsprüfung soll es stattdessen in vollem Umfang bleiben. Dies ist auch einer der wesentlichen Unterschiede zum Konzept der Bundesregierung für das Verkehrswegeplanungsbeschleunigungsgesetz für die neuen Bundesländer.

Auf Landesebene hat die baden-württembergische Landesregierung mehr getan, als es die UVP-Richtlinie der EG und das Bundes-UVP-Gesetz bzw. die Raumordnungsverordnung verlangen. So sind z.B. Vorhaben vom Ausbaustandard einer Landesstraße (grundsätzlich einbahnig und nicht kreuzungsfrei) von der EG-rechtlichen UVP-Pflicht ausgenommen. Dennoch sieht das baden-württembergische UVP-Gesetz vor, daß ebenfalls die planfeststellungspflichtigen Verkehrsvorhaben auf Landesebene im wesentlichen UVP-pflichtig sind. Davon ausgenommen sind z.B. nach dem Landes-UVP-Gesetz Änderungen von Landesstraßen oder Schienenstrecken, die keine wesentlichen Auswirkungen auf die Umwelt erwarten lassen. Von der formalisierten UVP ausgeschlossen sind nunmehr auch Vorhaben, für die die nach dem Beschleunigungsgesetz eingeführte Plangenehmigung ausreicht. Im Gegensatz zum Verkehrswegeplanungsbeschleunigungsgesetz für die neuen Länder sieht aber das baden-württembergische Landesbeschleunigungsgesetz vor, daß die Plangenehmigung nur zulässig ist, wenn „keine erheblichen Auswirkungen auf die Umwelt zu erwarten" sind. Der Begriff der erheblichen Auswirkungen auf die Umwelt als Abgrenzungskriterium der UVP-Pflichtigkeit findet sich aber sowohl im Bundes-UVP-Gesetz (z.B. §3 Abs. 1) als auch im baden-württembergischen Landes-UVP-Gesetz (z.B. §3), er ist der UVP-Gesetzgebung also nicht fremd. Und im übrigen: Wenn die UVP-Pflichtigkeit in diesen

Ausnahmefällen entfällt, dann bedeutet dies keineswegs, daß im Rahmen des jeweiligen Zulassungsverfahrens das materielle Umweltrecht nicht berücksichtigt werden müßte.

Insgesamt kann also gesagt werden, daß die Beschleunigungsgesetze mit der EG-Richtlinie zur Umweltverträglichkeitsprüfung bei richtlinienkonformer Anwendung im Einklang stehen und die mit der Einführung der Umweltverträglichkeitsprüfung verfolgten Ziele durch die Beschleunigungsgesetze und die Ansätze der administrativen Verfahrensbeschleunigung nicht konterkariert werden.

## 12.6 Literatur und Anmerkungen


1) Beschleunigung von Planungen und Verfahren im Verkehrswegebau, Abschlußbericht einer Arbeitsgruppe des Verkehrsministeriums Baden-Württemberg, Schriftenreihe der Stabsstelle des Innenministeriums Band 9, 18 ff.

2) Vgl. hierzu: **Würtemberger, Julian**: „Maßnahmegesetze" zur Beschleunigung der Verkehrsplanung?, Verwaltungsblätter für Baden-Württemberg 1992, 1 ff.

3) Bundesratsdrucksache 294/91.

4) Gesetzblatt für Baden-Württemberg 1992, 145 ff.

5) Vgl. Anmerkung 1.

6) **Würtemberger, Thomas**: Akzeptanz durch Verwaltungsverfahren, Neue Juristische Wochenschrift 1991, 257 ff.

# 13. UVP und Beschleunigungsgesetz

**Klaus Roth-Stielow**

## 13.1 Eingriffe gegen Grundrechte

Zur Beantwortung der Frage, ob das Verkehrswege-Planungs-Beschleunigungsgesetz vom 16. Dezember 1991 die UVP „weg-beschleunigt", ist auch der Entwurf eines sogenannten Investitions-Maßnahmen-Gesetzes für 17 Einzelprojekte zu berücksichtigen. Beide Gesetze haben enorme Eingriffe in den Grundrechtsbereich der Bürger und in die Substanz ihrer natürlichen Lebensgrundlagen zur Folge. Der Schutz dieser Lebensgrundlagen muß der Rechtsprechung des BVerfG zu Art. 1 GG folgen und ihrer Bedeutung für den einzelnen Bürger wegen als ein „grundrechtsgleiches" Recht eingeordnet werden. Denn die Funktion des Grundrechtsschutzes setzt zwingend voraus, daß der einzelne Bürger und alle Bürger überhaupt existieren. Das ist nur möglich auf und in einem halbwegs intakten Geflecht der belebten wie unbelebten Natur, eben den „natürlichen Lebensgrundlagen".

## 13.2 Gründe für lange Planungszeiten

Im einzelnen ist zu den Bestimmungen des Beschleunigungs-Gesetzes vom 16. Dezember 1991 zu sagen:

Die Notwendigkeit der einzelnen Regelungen wird mit der Erklärung begründet, daß die Projekt-Verfahren in der Regel entweder sehr oder zu lange dauern. Eine solche Bewertung setzt das Vorhandensein einer Vergleichsgrundlage voraus. Sie fehlt in der Begründung zu dem Beschleunigungs-Gesetz.

Innerhalb eines Planungsablaufes ab Planungs-Notwendigkeit/Idee bis zur Plan-Realisierung vor Ort erfolgt der weitaus größte Zeitverbrauch

a) während der Vorplanung, begrenzt durch den Antrag auf Feststellung eines bestimmten Projektes, und

b) durch eine Schlechtplanung mit dem Effekt einer Aufhebung des betreffenden Planfeststellungs-Beschlusses durch eine Gerichtsinstanz.

Im übrigen gibt es innerhalb einer Planung eine Reihe von Faktoren, die durch den Inhalt der Beschleunigungsregelung nicht beeinflußt werden können, indessen auf den zeitlichen Planungsablauf einen enormen Einfluß haben. Dazu gehören u. a.: Die politische Auseinandersetzung über den Verlauf einer Trasse und die Einzelheiten vor Ort:

- Der Stand von Wissenschaft und Technik als Grundlage für die Einzelheiten einer Planung.
- Das Vorhandensein von Kartierungen für die betroffene Landschaft.
- Die bestehende Haushaltslage mitsamt den für den einzelnen Bau zur Verfügung stehenden Mitteln.
- Die Personallage innerhalb der beteiligten Behörden.
- Die Fähigkeit dieser Behörden, ortsgebundene Probleme rechtzeitig zu erkennen, in die Planung mit einzubeziehen und konsensbildend zu wirken.
- Die Kapazitäten der in Anspruch zu nehmenden Sachverständigen und Planungsbüros.
- Ortsbedingte Planungswiderstände und die Möglichkeit von tatsächlichen Widerständen vor Ort bei der Verwirklichung eines Projekts auch nach Bestandskraft der Planungsentscheidung.

Die oben genannten Faktoren verbrauchen ohne Zutun des Bürgers und der Umweltschutz-Verbände einen enormen Zeitaufwand. Dennoch müssen Bürger und Umweltschutz-Verbände als die „schwächsten" und „letzten" Glieder im Planungsablauf jene für sie nicht beeinflußbaren Ablauffaktoren durch Verkürzung von Fristen, Beschränkung der Gerichtsinstanzen, Ausfall von Erörterungsterminen, Verkürzung von Prüfungsabläufen und vorzeitiger Besitzeinweisung büßen.

Eine UVP ohne das Element Öffentlichkeits-Beteiligung/Verbandsbeteiligung ist keine UVP.

Im Bereich der gesetzlich vorgesehenen Maßnahmenplanung gibt es im übrigen weder eine UVP noch eine Bürgerbeteiligung.

Der Inhalt der Broschüre des Bundesverkehrsministeriums zu den geplanten 17 und gesetzlich durchzuplanenden Vorhaben[1)] belegt, welches Schwer- und Übergewicht die Belange „Wirtschaft, Verkehr und Industrie“ im Vergleich zu Natur, Landschaft sowie Bürger- und Umweltrechte haben werden. Damit wird zugleich schon jetzt das Abwägungsergebnis festgelegt und der Abwägungsvorgang als solcher zur reinen Formsache und das ganze Verfahren mehr oder weniger zu einem „gebundenen“ Genehmigungsverfahren degradiert (vgl. S. 3, 8 sowie 13 bis 49).

## 13.3 Mehr Straßenbau statt Verkehrsvermeidung

Das Beschleunigungsgesetz enthält keinerlei Instrumente zur Drosselung der enormen Flut von Zulassungen von Kraftfahrzeugen oder deren Einreise in die Bundesrepublik. Das Gesetz enthält nicht einmal die Verpflichtung der Verwaltung, nur dann zu bauen oder zu ändern, wenn zwingende und zugleich dringliche Gründe ein neues Straßenbauvorhaben unumgänglich erfordert.

## 13.4 Vor und nach Inkrafttreten des Beschleunigungsgesetzes – ein Rechtsvergleich

Ein „Wegbeschleunigungs-Effekt“ läßt sich nur auf der Grundlage der vor dem Inkrafttreten des Verkehrswege-Planungs-Beschleunigungs-Gesetzes vom 16. Dezember 1991 bestehenden Rechtslage ermitteln.

- Nach Art. 4 Abs. 1 mit Anhang I der EG-Richtlinie muß der nationale Gesetzgeber eine UVP zwingend vor dem Bau von Autobahnen, Schnellstraßen im Sinne des Europäischen Übereinkommens über die Hauptstraßen des internationalen Verkehrs, Eisenbahn-Fernverkehrsstrecken und Flugplätzen mit einer Landebahn von mindestens 2100 m anordnen, und zwar ohne Rücksicht auf Art und Verfahren für die Genehmigung. Dagegen hat der deutsche UVP-Gesetzgeber verstoßen, soweit er in dem nationalen UVP-Gesetz keine UVP für den Bereich von Plangenehmigungen „alter Art“ wie z. B. § 17 Abs. 2 BFernStrG vorsieht. Hier gilt EG-Recht direkt.
- Es steht dem nationalen Gesetzgeber frei, welche Objekte er für die Anordnung einer UVP aus Anhang II zu § 4 Abs. 2 EG-Richtlinie

auswählen will. Hat der Gesetzgeber diese Auswahl aber einmal vorgenommen, dann erklärt er damit zugleich im Sinne Art. 2 Abs. 2 der EG-Richtlinie, daß die Merkmale der ausgewählten Projekte auch nach seiner Auffassung eine UVP erfordern. Diese Erklärung hat der deutsche Gesetzgeber in der Anlage zu §3 UVP-Gesetz, im Anhang zu Nr. 1 der Anlage zu §3 sowie in den §§15 und 16 UVP-Gesetz i.V. mit §6a Raumordnungs-Gesetz nebst Ausführungs-Verordnung dazu vom 11. Dezember 1990 abgegeben und niedergelegt. Hinter diese Entscheidungen kann er später nicht mehr zurückgehen. §2 des Beschleunigungs-Gesetzes enthält aber eine solche unzulässige Rücknahme.

- Die im Linien-Bestimmungsverfahren ergehende Entscheidung muß EG-rechtlich als Genehmigung im Sinne Art. 2 Abs. 1 behandelt werden. Das entspricht der Regelung auch in §15 Abs. 1 UVP-Gesetz. §2 Abs. 1 BeschlG nun verbietet die in §15 UVP-Gesetz vorgesehene Öffentlichkeitsbeteiligung im Sinne Art. 6 Abs. 2 der Richtlinie und §9 UVP-Gesetz. Daran ändert auch nichts ein „Nachholen" im Planfeststellungs-Verfahren. Denn dieses Verfahren enthält seine eigene zusätzliche Umwelt-Verträglichkeitsprüfung.

- §2 Abs. 2 BeschlG suspendiert den Zwang zur Durchführung eines objektbezogenen Raumordnungs-Verfahrens. Damit wird zugleich die im nationalen Raumordnungsverfahren vorgesehene UVP wegbeschleunigt.

- Die Plan-Genehmigung neuer Art (§4 BeschlG) verzichtet vom Wortlaut her auf Bürgeranhörung wie Umweltverträglichkeitsprüfung. Die Brisanz dieses Verzichts ergibt sich schon aus der Begründung dazu (Bundestags-Drucksache 12/1092 S. 10). Dort wird es der Planfeststellungsbehörde überlassen, was sie letztlich tun will.

- Zwingend wird die Durchführung einer UVP auch im Planungsgenehmigungsverfahren neuer Art auf der Grundlage der EG-Richtlinie dann sein, wenn es sich um die Verwirklichung der Projekte aus Anhang I zu Art. 4 Abs. 1 der Richtlinie handelt.

- Die UVP ist auch dann durchzuführen, wenn der Gesetzgeber zu §4 hinter seiner Erklärung in der Anlage 1 zu §4 UVP-Gesetz zurückbleibt. Dafür spricht die Ausgestaltung der Rechtswirkung der Plangenehmigung in §4 Abs. 2 BeschlG (Konzentrationswirkung). Denn es handelt sich hier letztlich um ein „verkapptes" Planfeststellungsverfahren. Ein solches „Zurückbleiben“ muß verneint werden, wenn der materiell-rechtliche Inhalt der Plangenehmigungen alter und neuer Art (§ 17 Abs. 2 BFernStrG/§ 4 Abs. 1 BeschlG) im wesentlichen gleich ist. Diese Voraussetzung ist indessen gegeben.

- Der Wortlaut des BeschlG enthält keinen Planungs-Leitsatz wie z. B. § 1 Abs. 1 Wohnbau-Erleichterungsgesetz. Aber die mit beschlossene Überschrift (Gesetz zur Beschleunigung ...) und der Fristenkatalog ordnen den gewollten Beschleunigungseffekt letztlich an. Darin ist zugleich das Übergewicht und Projektträger wie Genehmigungsbehörde und das Unterlaufen aller jener Faktoren für die Entscheidung mit angelegt, die eine effektive Umweltverträglichkeitsprüfung hätten sicherstellen sollen.

## 13.5 Mehr Beschleunigung – weniger Demokratie?

Das Beschleunigungsgesetz hat nach Wortlaut, Begründung sowie Sinn und Zweck mindestens die Tendenz, die UVP und damit den Schutz der natürlichen Lebensgrundlagen „weg zu beschleunigen“. Das eindeutige Ziel des Gesetzes: Die Belange der Industrie/Wirtschaft haben wie schon seit 1950 Vorrang vor den Belangen Natur/Landwirtschaft und übrigem Umweltschutz. Die verheerenden Folgen für Menschen und Umwelt sind bekannt.

Die Einzelheiten der neuen Beschleunigungsgesetze werden letztlich die gesellschaftliche Stabilität und auf Dauer auch den Fortbestand der Demokratie in Frage stellen. Denn: Im Gebiet der Bundesrepublik besteht schon heute aus bekannten Gründen auf allen natürlichen Ebenen eine enorme Umweltzerstörung und -belastung. Diese Folgen beeinträchtigen da und dort auch die Unversehrtheit der einzelnen Bürger. Die neuerdings geplanten Eingriffe werden die schon bestehende Zerstörung/Belastung durch neue Zerstörungen und Belastungen erweitern und vergrößern. Diese Entwicklung kann den einzelnen Bürger in eine Notwehr- oder Notstandslage im Sinne der §§ 32 ff. StGB treiben.

Als Fazit bleibt: Die UVP wurde in Teilbereichen durch das Verkehrswege-Planungs-Beschleunigungsgesetz „weg-beschleunigt“!

## 13.6 Literatur

1) **Der Bundesminister für Verkehr**: Verkehrsprojekte Deutsche Einheit: Neue Wege braucht das Land. Bonn, 1992.

# 14. Die Wende weg vom Umweltschutz – Beschleunigungsgesetz und Investitionsmaßnahmegesetz

**Hartmut Gaßner,**
**Stefan Klinski**

Die Politik der Bundesregierung nach der deutschen Vereinigung hat uns eine Wende im Verkehrsplanungsrecht beschert: Eine Tendenzwende weg von der Bürger- und Betroffenenbeteiligung, weg von der Öffnung der Planungsprozesse, weg vom Umweltschutz. Damit soll nicht behauptet werden, vorher sei „alles bestens" gewesen. Aber die Tendenz in Westdeutschland der 80er Jahre lief – unter dem Druck der Öffentlichkeit – hin zu einer im Hinblick auf Umweltbelange immer sensibleren und für die Betroffenen offeneren Planung. Diese Tendenz ist nun abrupt beendet und umgekehrt worden: Hin zu quantitativen statt qualitativen Planungsmaßstäben, zur Abschottung der Verwaltung vor den Bürgern und politisch zurück zum Asphaltfieber der (westdeutschen) 60er und 70er Jahre.

Dafür stehen an vorderster Stelle zwei Gesetzesprojekt: Das bereits in Kraft getretene Verkehrswegeplanungs-Beschleunigungsgesetz, nach dem schon kräftig geplant wird, und die vom Bundesminister für Verkehr vorbereiteten Investitionsmaßnahmegesetze. Auf diese beiden Gesetzesprojekte soll im folgenden näher eingegangen werden. Dabei müssen hier wesentliche Aspekte unberücksichtigt bleiben, über die an anderer Stelle geschrieben worden ist[1.)].

An dieser Stelle soll es ausschließlich um die Konsequenzen für die Umweltverträglichkeitsprüfung gehen.

## 14.1 Unverbindliche Umweltprüfungen bei Investitionsmaßnahmegesetzen

Bei den Investitionsmaßnahmegesetzen, bei denen anstelle des bislang üblichen Planfeststellungsbeschlusses ein Gesetzesbeschluß durch den Bundestag tritt, wird es eine Umweltverträglichkeitsprüfung im eigentlichen Sinne nicht mehr geben. Der Gesetzgeber ist zwar darin frei, selbst die Umweltbeeinträchtigungen durch das jeweilige Vorhaben überprüfen zu lassen, aber er ist ebenso darin frei, dies zu unterlassen. Entscheidet er sich für die Untersuchung von Umweltbelangen, so bleibt diese dennoch für die Gesetzesverabschiedung vollständig unverbindlich, denn der Gesetzgeber ist auch in der Würdigung der Untersuchungsergebnisse frei, d. h. er kann im Zweifel auch die am wenigsten umweltverträgliche Lösung wählen.

## 14.2 Eingeschränkte UVP im Beschleunigungsgesetz

Nach dem Beschleunigungsgesetz, das für seinen Anwendungsbereich wesentliche Elemente des bisherigen Planungsverfahrens verändert hat, ohne die Struktur jedoch grundsätzlich in Frage zu stellen, bleibt es im Grundsatz auch bei der Umweltverträglichkeitsprüfung. Das heißt aber nicht, daß es sie immer geben würde oder daß es sich um „vollwertige" Umweltverträglichkeitsprüfungen im Sinne des UVP-Gesetzes und der EG-Richtlinie handeln würde. Der Teufel steckt hier im Detail:

- Das der Planfeststellung vorgelagerte Raumordnungsverfahren zur Trassenwahl findet in der Regel nicht mehr statt. Ist das der Fall, so gibt es auch keine förmliche Umweltverträglichkeitsprüfung mehr, sondern nur noch – ohne Öffentlichkeitsbeteiligung – eine interne Umweltverträglichkeitsuntersuchung bei der Linienbestimmung durch den Bundesminister für Verkehr.
- Entscheidet sich die Behörde nach § 4 des Beschleunigungsgesetzes, auf die Planfeststellung gänzlich zu verzichten, und an ihre Stelle die schlichte Plangenehmigung zu setzen, so findet eine projektbezogene Umweltverträglichkeitsprüfung ebenfalls nicht mehr statt, selbst wenn das jeweilige Vorhaben die Umwelt sogar besonders stark beeinträchtigen sollte.

Für beide Gesetzesprojekte wird von seiten der Bundesregierung immer wieder betont, daß die Belange der Umweltverträglichkeitsprüfung „materiell" in jedem Fall geprüft werden. Damit wird zum Ausdruck gebracht, daß die Absicht besteht, die Umweltverträglichkeit gutachterlich überprüfen zu lassen. Dabei handelt es sich jedoch stets um **lediglich interne** Untersuchungen, die der Öffentlichkeit weder zugeleitet werden noch von den Betroffenen und den Umweltverbänden erörtert und bewertet werden können.

## 14.3 Eine „materielle" UVP reicht nicht aus

Mit der Behauptung, eine „materielle" UVP sei auf jeder Verfahrensstufe gewährleistet, redet der Gesetzgeber an den entscheidenden Problemen vorbei. Sinn und Zweck der UVP-Richtlinien der EG, auf der auch die deutsche Umweltverträglichkeitsprüfung basiert, ist es, die UVP durch bestimmte formelle Anforderungen – insbesondere die Öffentlichkeitsbeteiligung – transparent zu machen und durch diese Offenheit zu besseren Planungsergebnissen zu kommen, als dies bei einer bloß „materiellen", d.h. bloß innerbehördlichen UVP der Fall wäre. Eine Beschränkung auf eine „materielle" Umweltverträglichkeitsuntersuchung ist deshalb weder in der Sache sinnvoll noch richtlinienkonform.

Zu befürchten ist weiter, daß dies auch negative Auswirkungen auf die Planungsqualität haben wird. Kann die Verwaltung nicht mehr durch die Betroffenen und die Verbände schon relativ frühzeitig auf Fehler und Unzulänglichkeiten hinsichtlich der Umweltbelange hingewiesen werden, so werden die Gewichte innerhalb der planerischen Abwägung nahezu automatisch zu Ungunsten der Umweltbelange verschoben. Dies gilt erst recht angesichts des besonders hohen Zeitdruckes, unter den die Verwaltungen gesetzt werden bzw. der Gesetzgeber sich selbst setzt.

## 14.4 Zur Rechtmäßigkeit der beiden Gesetzesprojekte

Die Tatsache, daß bei Maßnahmegesetzen auf eine förmliche Umweltverträglichkeitsprüfung gänzlich verzichtet wird, steht für sich genommen nicht im Widerspruch zur UVP-Richtlinie der EG, denn dort ist ausdrücklich festgehalten worden, daß die UVP-Pflicht bei einzelprojektbezogenen Gesetzen nicht gilt. Die Bestimmung ist insoweit eindeutig und dürfte auch vom Europäischen Gerichtshof nicht in Frage gestellt werden. Allerdings soll auch an dieser Stelle die Anmerkung nicht unterbleiben, daß eine hohe Wahrscheinlichkeit besteht, daß das Bundesverfassungsgericht die Investitionsmaßnahmegesetze für verfassungswidrig erklärt: Mit den Investitionsmaßnahmegesetzen wird – da gegen sie der Verwaltungsrechtsweg verschlossen bleibt – derartig schwerwiegend in die Rechtsschutzgarantie der Verfassung eingegriffen, daß diese Gesetze einer verfassungsrechtlichen Überprüfung kaum standhalten dürften.

Mit den Regelungen des §4 des Beschleunigungsgesetzes zur Plangenehmigung wird gegen die UVP-Richtlinie der EG verstoßen. Die Richtlinie fordert eine UVP für bestimmte Arten von Verkehrswegen, nicht für bestimmte Arten von Zulassungsverfahren: Danach, ob der Bau mittels Planfeststellung, Genehmigung oder einer anderen Art der Erlaubnis zugelassen wird, fragt die Richtlinie nicht. Zwar enthält die Richtlinie die Möglichkeit des Verzichts auf die UVP in begründeten Einzelfällen, aber nach Sinn und Zweck der Vorschriften kann dies nur der Fall sein, wenn es um ein im Hinblick auf die Umweltverträglichkeit unbedeutendes Vorhaben geht. Der Umstand, daß für die Plangenehmigung Umweltkriterien irrelevant sind, steht deshalb eindeutig im Widerspruch zur EG-Richtlinie.

Allerdings ist die Richtlinie aufgrund ihres ausreichenden Bestimmtheitsgrades von den Verwaltungen an sich direkt anzuwenden. Ein EG-konformes Verhalten der Behörde ist also nicht ausgeschlossen. Nur bietet die deutsche Gesetzeslage nicht hinreichend Gewähr dafür, daß das EG-Recht auch tatsächlich eingehalten wird. So wird an dieser Stelle ein Stück Rechtsunsicherheit normiert, das zu unnötigen Schäden an Umwelt und Natur führen kann, insbesondere wenn man bedenkt, daß in der Vielzahl der Fälle mangels klagebefugter Dritter wahrscheinlich keine gerichtliche Kontrolle möglich sein wird. Verschärfend kommt hinzu, daß im Falle des §4 auch den Naturschutzverbänden ihre Mitwirkungsbefugnis im Verwaltungsverfahren entzogen ist, denn die insoweit maßgebliche Norm des §29 Abs. 1 Nr. BNatSchG beschränkt die Mitwirkungsbefugnis auf Planfeststellungsverfahren.

Auch die Regelung des §2 Abs. 2 Satz 1 des Beschleunigungsgesetzes ist nicht richtlinienkonform. Danach findet in dem der Planfeststellung vorgelagerten Linienbestimmungsverfahren des Bundesministers für Verkehr zwar an sich eine UVP statt, die diesbezügliche Öffentlichkeitsbeteiligung soll jedoch erst im Planfeststellungsverfahren durchgeführt werden. Demgegenüber fordert die EG-Richtlinie zur UVP – nach dem Frühzeitigkeitsprinzip – eine UVP schon auf der ersten Planungsstufe der Verwaltung, und zwar – nach Sinn und Zweck der Richtlinie – unter Einschluß der Öffentlichkeit.

## 14.5 Tendenzwende weg vom Umweltschutz

Noch ein weiterer Gesichtspunkt nährt die Befürchtung, daß das Beschleunigungsgesetz eine Tendenzwende weg vom Umweltschutz beschert: Praktisch sämtlichen Verfahrensschritten der beteiligten Verwaltungen werden sehr enge Fristen gesetzt. Dies mag im Hinblick auf den Beschleunigungszweck verständlich erscheinen. In der Praxis dürfte es sich jedoch in erster Linie zu Lasten des Umweltschutzes auswirken, weil es den noch im Aufbau befindlichen Umwelt- und Naturschutzbehörden in den neuen Bundesländern kaum möglich sein wird, innerhalb nur weniger Wochen oder Monate auch nur die nötigen Feststellungen zur Bewertung des Ist-Zustandes zu treffen, geschweige denn diese auszuwerten und in Empfehlungen umzusetzen.

Neben der Kritik an den Vorhaben im einzelnen ist dem Gesetzgeber vor allem vorzuwerfen, daß er die Chance verpaßt hat, die Verkehrsplanung in den neuen Bundesländern – anders als im Westdeutschland der 60er und 70er Jahre – auf eine umweltverträgliche Grundlage zu stellen. Statt dem weiteren Ausbau und der Qualitätsverbesserung des Schienennetzes die eindeutige Priorität zu geben, wird faktisch vor allem Straßenneubau betrieben, so daß die räumlichen Strukturen in den neuen Bundesländern unter dem Diktat des Autoverkehrs neugeordnet zu werden drohen. Damit werden Fakten hinsichtlich der Verkehrsmittelwahl geschaffen, die ein späteres Umsteigen auf umweltverträgliche Verkehrsmittel sehr schwer machen werden.

## 14.6 Literatur

1) Siehe **Gaßner/Groth/Klinski:** Kritik des Entwurfs zum Beschleunigungsgesetz, Rechtsgutachten im Auftrag von Greenpeace, September 1991; Klinski/Gaßner: Das Gesetz zur Beschleunigung der Verkehrswegplanung; NVwZ 1992, 235 ff.

# Autorinnen und Autoren

**Dr. Eberhard Bohne, M.A.,** Bonn. Ministerialrat, Leiter der Arbeitsgruppe „Grundsatzangelegenheiten des Umweltrechts und der Umweltverträglichkeit, Umweltgesetzbuch" im Bundesumweltministerium. Seit Anfang 1988 zuständig u. a. für die UVP-Gesetzgebung.

**Dipl.-Ing. Alfred Eberhardt;** Projektleiter bei der PROGNOS AG, Büro Berlin. Arbeitsschwerpunkte: Konzeptentwicklung und Grundsatzfragen zur UVP, Durchführung von UVPs, Technikfolgenabschätzung, Abfallwirtschaftsplanung.

**Rüdiger Engel,** Freiburg, Mitarbeiter im Arbeitskreis Rechtsfragen des Bund für Umwelt und Naturschutz Deutschland e.V. (BUND).

**Dr. Franz-Josef Feldmann,** Regierungsdirektor, Bonn. Referatsleiter und Mitglied in der Arbeitsgruppe „Grundsatzangelegenheiten des Umweltrechts und der Umweltverträglichkeit, Umweltgesetzbuch" des Bundesministeriums für Umwelt, Naturschutz und Reaktorsicherheit.

**Hartmut Gaßner,** Rechtsanwalt, Berlin. Schwerpunktmäßig tätig auf den Gebieten des Umwelt- und Planungsrechts sowie der Verwaltungs- und Verbändeberatung; Veröffentlichungen zum Umwelt- und Naturschutzrecht, aktuell zum Verkehrswegebeschleunigungsgesetz sowie zu Mediation.

Dipl.-Ing. **Klaus-Peter Gussfeld,** Freiburg. Wissenschaftlicher Mitarbeiter des BUND Landesverband Baden-Württemberg und Verkehrsreferent; Schwerpunkte: Umweltpolitik, Grundsatzfragen Umwelt und Verkehr.

**Dr. Dietmar Habermeier,** Erlangen. 54 Jahre, Studium der Rechtswissenschaften, Richter und Staatsanwalt. Seit 1972 in leitender Position bei der Stadtverwaltung Erlangen, seit 1985 Leiter des Referates für Recht und Umweltschutz mit Rechts-, Umwelt-, Garten- und Friedhofs- sowie Stadtreinigungsamt.

**Prof. Dr. Karl-Hermann Hübler,** Jahrgang 1933. Seit 1975 o. Professor an der TU Berlin, Mitgesellschafter im IfS Institut für Stadtforschung und Strukturpolitik GmbH, Berlin. Forschungsschwerpunkte: Umweltpolitik und Ressourcensicherung und -planung, Raumplanung, Bodenschutz.

**Stefan Klinski,** Rechtsreferendar, Berlin. Mitarbeiter eines umweltrechtlich orientierten Anwaltsbüros; Schwerpunkte: Verkehrsplanungsrecht, Mediation. Veröffentlichungen zum Umwelt- und Verkehrsplanungsrecht.

**Burghard Rauschelbach,** Friedrichshafen. Wissenschaftlicher Mitarbeiter der Firma Dornier GmbH, Abteilung Regionalplanung und Ökologie. Fachreferent für UVP und Umweltplanung.

**Klaus Roth-Stielow,** Hechingen. Richter am Oberlandesgericht a. D., Verbands-Justitiar des BUND. Beteiligung an UVP- und Planfeststellungsverfahren zu Objekten aller Art für den BUND über § 29 Bundesnaturschutz-Gesetz und § 4 Baugesetzbuch.

**Dr. Peter Runkel,** Ministerialrat, Leiter des Referates Grundsatzangelegenheiten des Städtebaurechts, Bauleitplanung, Zulässigkeit von Vorhaben, EG-Harmonisierung im Bundesministerium für Raumordnung, Bauwesen und Städtebau, Bonn.

Dipl.-Ing. **Frank Scholles,** Hannover. Wissenschaftlicher Mitarbeiter am Institut für Landesplanung und Raumforschung der Universität Hannover; Schwerpunkte: Methoden der Umweltplanung, Umweltinformation, ökologisch orientierte Raumplanung; ehrenamtlicher Leiter der „Arbeitsgruppe Umweltqualitätsziele“ und Vorsitzender des Beirats des UVP-Fördervereins.

**Dr.-Ing. Hans-Joachim Schemel,** München. Studium Landschaftsökologie und Städtebau, seit 1975 als Umweltgutachter tätig. Schwerpunkte: Umweltverträglichkeitsstudien, Nutzungs- und Schutzkonzepte in den Bereichen Siedlungsentwicklung, Gewerbe, Verkehr, Landwirtschaft, Wasserwirtschaft, Tourismus, Freizeitsport. Seit 1983 Inhaber des „Büros für Umweltforschung und Umweltplanung Dr. Schemel“ in München.

Beigeordneter Dipl.-Ing. **Peter Schirmer,** Landau/Pfalz. Umwelt- und Verkehrsdezernent der Stadt Landau/Pfalz, u. a. verantwortlich für die städtische „Koordinierungsstelle für Umweltschutz“.

**Erhard Schulz,** Freiburg. Landesgeschäftsführer des Bund für Umwelt und Naturschutz Deutschland (BUND), Landesverband Baden-Württemberg.

**Julian Würtenberger,** Ministerialrat, Leiter des Referates „Grundsatzfragen der Verkehrspolitik“ im Verkehrsministerium Baden-Württemberg, Stuttgart. Seit 1991 Leiter der Arbeitsgruppe „Beschleunigung von Planung und Verfahren im Verkehrswegebau".

Dipl.-Pol. **Monika Zimmermann,** Freiburg. Wissenschaftliche Mitarbeiterin im IfS Institut für Stadtforschung und Strukturpolitik GmbH Berlin; Arbeitsschwerpunkte: Umweltforschung, kommunaler Umweltschutz; verantwortlich für die Vorbereitung und Durchführung der Freiburger UVP-Kongresse. Ehrenamtlich im Vorstand des Deutschen Naturschutzringes (DNR).